오십에
읽는
자본론

오십에 읽는

Das Kapital mit fünfzig

풍요의 이름으로
우리가 놓친
모든 것에 대하여

자본론

임승수 지음

Karl Marx

다산
초당

작가의 말

다시 인간이 되기 위하여

가장 읽히지 않는, 가장 중요한 책

1999년, 영국 BBC가 지난 천 년 동안 가장 위대한 사상가를 묻는 투표를 진행했습니다. 1위는 카를 마르크스, 2위는 알베르트 아인슈타인. 천년 이래 최고의 사상가 카를 마르크스의 대표작이 『자본론』입니다.

의학교수가 카데바를 해부하듯, 마르크스는 자본주의라는 거대한 체제를 해부대 위에 올려놓고 샅샅이 파헤쳤습니다. 그는 자본주의에 존재하는 심각한 빈부격차의 원인이 단순히 개인 능력의 차이가 아니라 '시간 도둑질'에 있다는 사실을 밝혀냈지요.

시간을 빼앗는 자는 거대한 부를 축적하고, 시간을 빼

앗기는 지는 팍팍한 삶에서 빗어나지 못합니다. 이 거대한 착취 메커니즘을 이해하는 순간, 영화 〈매트릭스〉에서 네오가 빨간약을 삼켰을 때처럼 세상이 전혀 다른 얼굴을 드러냅니다. 그런 의미에서 『자본론』은 단지 경제학의 고전이 아니라, 우리가 매일 마주하는 불평등한 세계와 그로부터 비롯된 불안과 무력감의 근원에 무엇이 있는지 낱낱이 드러내는 사회 해부학서입니다. 어떤 사상과 이론에서도 발견할 수 없는 독보적인 통찰을 품은 고전이지만, 한국에서는 여러 가지 이유로 널리 읽히지 않았지요. 이게 참 좋은 건데 전하기가 쉽지 않아 고군분투하던 어느 날, 어떤 독자들에게 이 책의 의미가 가장 깊게 가닿을지 고민하게 되었습니다.

인생을 아는 사람들을 위한 의외의 고전

제 또래 중에는 젊은 시절 어느 시점에 『자본론』을 펼쳐 보았거나 궁금함을 가졌던 이들도 적지 않을 것입니다. 드물게는 저처럼 매료되어 아예 인생의 진로가 바뀐 사람도 있겠지만 대체로 호기심을 접어두고 사회적 기대와 생계의 짐을 떠안고 치열하게 사셨을 테지요. 돈이 전부인 것 같은 세상에서 오만가지 인간 군상을 만나고 별의별 일을 겪다 보면, 해방이니 평등이니 하는 마르크스의 사상은 역시 설익은 이상론이라고 느끼셨을지도 모르겠습니다.

하지만 세상과 부딪혀 보았기 때문에 오히려 한 번쯤 생각해 보셨을 겁니다. 대체 언제까지 이런 식으로 살아갈 수 있을까? 경제적인 가치를 일구어내지 못하면 가족에게도, 사회에게도 짐 덩어리가 되는 건 아닐까? 하지만 그렇게 따지자면 우리는 태어나자마자 짐 덩어리였고 나이 들면 다시 짐 덩어리가 되는 존재일 뿐입니다. 존재 기간 내내 군말 없이 일하는 인공지능이나 로봇이 훨씬 낫겠죠. 그러지 않아도 조만간 이들에게 대체될 신세 아닌가요. 그러니 다시 묻습니다. 정말 이대로 좋은가요? 우리는 진정 인간다운 길을 가고 있는 걸까요? 지금 이 순간 다시 마르크스를 읽는다면 우리 눈에는 어떤 풍경이 들어올까요?

인공지능의 시대에 가장 절박한 통찰

과거에 대한 향수나 현실 도피로 『자본론』을 만나라고 권하는 건 아닙니다. 인공지능과 로봇이 본격적으로 등장하기 시작한 지금이야말로 마르크스의 혜안이 절실한 시기입니다. 마르크스는 새로운 생산력이 등장할 때마다 낡은 사회 질서가 무너지고 역사가 전진해 왔다고 보았습니다. 실제로 중세 봉건제가 해체되고 근대 자본주의가 자리 잡은 것도 기계제 대공업이라는 새로운 생산력이 등장했기 때문이었지요. 농업을 기반으로 영주(지주)와 농노(소작인)가 맺던 봉건적 사회 질서는 더 이상 유지될 수 없었습니다. 기계가 대량생산을 가능케 하면서 도시에는 공장이 들어섰고, 사람들은 농촌을 떠나 도시로 몰려들었죠. 그 과정에서 봉건적 신분 질서는 무너지고, 자본가와 임금노동자가 새로운 주역으로 부상했습니다.

지금 우리가 마주한 인공지능과 로봇은 바로 오늘날의 새로운 생산력입니다. 산업혁명 시기 등장한 기계가 인간의 팔과 다리를 대신했다면, 인공지능과 로봇은 이제 인간 그 자체를 대체하고 있습니다. 단순노동뿐 아니라 회계, 법률, 글쓰기, 그림 그리기와 같은 전문적·창의적 영역까지 파고들고 있는 지경입니다. 이것이 자본주의 사회 질서를 뿌리부터 흔들고 있으며 단순히 일자리의 변화를 넘어 인간 존재의 근본적인 의미를 묻는 상황으로 우리를 끌어가고 있습니다. 이 거대한 변화를 제대로 이해하고 이에 대처하고 싶다면, 우리는 다시 마르크스로 돌아가야 합니다.

쉬운 것을 넘어 재미있게 읽는 책

안타깝게도 마르크스의 『자본론』이나 다른 저작을 펼쳐본 많은 분이 중간에 책을 덮습니다. 극악하다고 할 정도로 높은 난도 때문이죠. 저는 2006년에 작가로 데뷔한 이후 '마르크스주의 대중화'를 작업의 한 축으로 삼아 『원숭이도 이해하는 자본론』을 필두로 관련 도서를 여러 권 집필했습니다. 감사하게도 마르크스주의 도서답지 않게 쉽고 재밌다는 평을 들으며 분에 넘치는 사랑을 받았습니다. 하지만 가끔 "원숭이도 이해한다고 해서 읽었는데, 내가 원숭이만도 못하다는 말이냐!"라는 항의를 듣는 날이면 제대로 작동하지 않는 전자제품을 납품한 것 같아 죄송스러운 마음이 들기도 했습니다.

뭐 그 정도로 쉽게 썼으면 충분하다고요? 명색이 프로 작가인데 이만하면 됐다고 안주할 수 없는 노릇이죠. 그런 의미에서 『오십에 읽는 자본론』은 '마르크스주의 대중화' 작업의 결정판이라 할 수 있습니다. 어떻게 그렇게 자신하느냐고요? 이 책은 무려 '소설'이기 때문입니다. 아시다시피 이야기라는 그릇에 지식을 담는 접근 방식의 유래는 선사시대까지 거슬러 올라가지요. 수많은 신화와 전설, 민담을 통해 검증된 이 방식을 과감하게 채택했습니다.

오십의 삶을 파고드는 『자본론』

제 또래의 마음에 가장 절박한 것이라면 아무래도 자식 농사입니다. 제 큰애도 곧 고등학생이라 그 마음을 잘 압니다.

전부터 가끔 고등학교에 초대받아 『자본론』을 강의했습니다. 그러다 보면 마르크스의 날카로운 자본주의 분석에 충격받은 기색이 역력한 학생을 종종 보게 됩니다. 어쩐지 그중 학업 성적이 빼어난 친구들도 꽤 있었지요. 여기서 이 책의 발상이 시작되었습니다.

의대를 지망하던 전교 1등 내 자식이 마르크스주의자가 되어 사회학과로 진로를 바꾸려고 한다면? 석굴암 돌부처 같은 무던한 부모라도 눈이 뒤집힐 겁니다. 이 책의 주인공은 바로 그런 딸을 둔 50대 중소기업 사장입니다. (배우 백현진 씨가 열연한 드라마 〈모범택시〉의 박양진 사장을 떠올리면 꽤 비슷합니다.) 그가 자식 망친 원흉으로 지목한 사람은 저와 매우 비슷한 어떤 작가입니다. 심지어 거주지까지 같지요. 이 두 인물의 느닷없는 만남에서 이야기는 시작됩니다. 옥신각신 주고받는 대화를 관전하다 보면 때로는 사장에게서, 때로는 작가에게서 자신의 목소리를 발견할지도 모릅니다. 어쩌면 우리 내면의 지킬과 하이드 사이에 오가는 대화일 수도 있겠고요.

소설적 장치가 마르크스주의를 전달하는 도구로 전락하지 않도록 최선의 노력을 기울였습니다. 심지어 책 한 권 분량을 다 써놓고도 맘에 안 들어 폐기하고서는 새로운 설정으로 다시 쓸 정도였으니, '최선'이라는 단어를 사용함에 부끄러움은 없습니다. 그러고 보니 2006년에 첫 책을 쓰고 이 맛을 우려내는 데 거의 20년이 흘렀네요. 변두리 노포 같은 작가 임승수가 말아주는 우거지 국밥 같은 자본론이라고 여겨 주시면 감사하겠습니다.

이 책 한 권 읽는다고 갑자기 마르크스주의자가 될 리는 없지 않습니까. 그런 사실은 청양고추를 한 움큼 씹어 먹은 만큼이나 얼얼하게 자각하고 있습니다. 글로 독자의 생각을 어떻게 바꿔보겠다는 얄팍한 마음은 버린 지 오래입니다. 내용에 대한 반박 시 당신의 의견이 다 맞습니다. 다만 살 만큼 살아온 당신에게 이 책이 약간이라도 다른 생각을 엿볼 여지를 만들어줄 수 있다면, 그리고 유쾌한 웃음을 준다면 보람차겠습니다. 일반적인 마르크스주의 도서에서는 기대하기 힘든 특대형 재미를 보장합니다.

드디어 막이 열립니다. 두 50대 남자의 어처구니없는 만남으로 들어가 봅시다.

차례

작가의 말 다시 인간이 되기 위하여   5
시작하며   16

1장 그래서, 당신은 제대로 살고 있는가

소득 격차는 능력 격차 아닌가?   30
가난한 사람은 가난한 이유가 있다   36
나는 땅 파서 장사하나요?   44
세상에는 좋은 경영자도 많잖아요   56
세상에서 가장 야심 차고 따뜻한 생각   65

자율 연구 노트 1.
당연한 것들의 뿌리   81

2장 사람의 본성에 어긋나는 일

그 가정은 잘못됐습니다 96

이타성이라는 본성 102

'문제'는 원래 함께 푸는 것이다 113

인간은 사는 대로 생각한다 121

자본주의라는 롤플레잉게임 126

돈의 진정한 의미 135

좋은 심성을 기를 수 있는 체제 141

자율 연구 노트 2.
무엇이 우리를 작동시키나: 진화 심리학 vs 마르크스주의 146

3장   일단 먹고살아야 할 것 아니냐

마르크스주의자가 사장을 돕는 이유   156

자본주의자가 돈만 믿는 이유   162

자유롭게 똑같은 삶을 추구하다   169

먹고살기 위해서만 일한다는 비극   177

돈으로 살 수 있는 가장 귀한 것   184

26만 시간의 무게   197

자율 연구 노트 3.
그래도 물어야 하는 질문   208

4장   우리 밖을 내다보는 힘

역사는 궤에서 벗어났을 때 움직인다   221

물질이 마음을 지배한다   234

새로운 생산력, 새로운 모순, 새로운 시대   239

역사의 궁극적 목적지   246

공산주의자들과 기본소득   255

물러날 수 없는 세계, 피해갈 수 없는 변화   262

자율 연구 노트 4.
학교라는 상부구조   270

5장 진정 나를 위해 살아가는 법

마르크스주의에 빠진 자식을 설득할 묘수   280
사회주의자의 셈법   285
관점을 바꾸면 풍경이 달라진다   290
인생의 절반을 어떻게 보낼 것인가   297
방학이 없어진 삶과 맞닥뜨리며   302
행복을 미루면 행복이 오지 않는다   308
죽을 때 가장 후회하는 다섯 가지   315
행복 함수와 변수의 가중치   318

시작하며

행정구역으로는 서울이지만 인근 경기도 광명시보다 집값이 싼 어떤 동네에 마르크스주의에 관한 책을 쓰는 작가가 한 명 살고 있었다. 이 작가는 마르크스주의가 21세기 현대 사회에서 매우 중요한 의미를 지니고 있으며 더 많은 사람이 마르크스주의를 알아야 행복한 사회를 만들 수 있다고 주장했다. 이 시대착오적인 주장에 넌더리가 난 50대 남성은 작가의 집까지 찾아가서 꼬치꼬치 따지기로 했다. 인공지능과 로봇이 등장하는 이 첨단의 시대에 한물도 아니고 두물 간 마르크스라니! 한심하지 아니한가.

남자 그러니까 마르크스주의가 이 시점에 필요하다고, 진

	짜로 그렇게 생각하는 겁니까? 그게 작가님의 주장입니까?
작가	그렇습니다. 특히 인공지능과 로봇이 등장하는 지금 시점에서 더욱 그러합니다.
남자	19세기 인물인 마르크스는 인공지능의 '인' 자도 몰랐을 텐데, 그게 말이나 됩니까? 마르크스가 살던 시대와 지금은 근본적으로 다른데, 마르크스주의가 무슨 21세기를 구원할 것처럼 얘기하다니요.
작가	구원할 수 있습니다.
남자	하하. 말로는 뭔들 못 하겠어요. 아무튼 본격적으로 대화를 나누기 전에 왜 이렇게 갑작스럽게 방문하게 됐는지 이유를 말씀드리죠. 우리 아이가 고2입니다. 자랑 같아서 얘기하기가 좀 그렇지만 공부를 제법 잘해요. 전국 자사고에 다니고 있고 거기서도 최상위권이죠. 원래 의대를 지원할 생각이었어요. 그런데 어느 날 갑자기 사회학과를 가겠다고 하는 겁니다.
작가	그래서요?
남자	"그래서요"라뇨! 왜 남의 일처럼 얘기하시나요?
작가	무슨 말씀인지….
남자	세상에나 의대를 놔두고 사회학과를 지원하겠다니 부

	모로서 억장이 무너지는 소리 아니겠어요? 이게 다 작가님 때문이라고요.
작가	그게 왜 저 때문입니까?
남자	○○고등학교에서 강의하신 적 있으시죠?
작가	아, 거기서 저자 특강으로 마르크스의 『자본론』을 강의했지요.
남자	우리 애가 그 특강을 듣고서는 무슨 바람이 들었는지, 작가님 책 여러 권을 도서관에서 빌려 읽고서는 사회학과를 가겠다고 하는 거 아니에요. 이제 상황을 이해하시겠어요?
작가	음…. 아이가 부모의 기대와 다르게 진로를 선택하니 답답할 수도 있다는 생각이 듭니다. 하지만 아이 생각도 존중할 필요가 있으니 일단 아이와 진지하게 대화를 해보시는 게 어떨지요.
남자	사회학과를 선택한 이유부터가 잘못됐으니까 그러는 거죠. 우리 애가 지금 마르크스주의에 관심이 생겨서 사회학과를 지망하는 거잖아요, 마르크스주의!
작가	….
남자	제가 오늘 여기에 온 이유는 작가님의 주장을 논파하고 바로잡기 위해서입니다. 그 과정에서 마르크스주

	의의 한계와 오류가 드러나면 우리 아이도 생각을 고쳐먹고 다시 의대로 진로를 선회하지 않겠어요?
작가	아이의 진로 걱정으로 일부러 여기까지 찾아오는 수고를 감수하시다니, 저도 자식을 키우는 부모로서 그 절실한 마음을 이해 못 하는 바는 아닙니다. 건전하고 생산적인 논쟁이라면 언제든지 환영입니다만, 아이의 진로 문제 때문에 평정심을 유지하기 어려우신 상태 같아 좀 우려가 되네요.
남자	허락해 주신다면 앞으로 나눌 대화를 녹취해서 아이에게 들려줄 생각입니다. 아이가 듣는데 아비로서 도에 어긋나는 태도를 보일 수는 없는 노릇이지요. 녹취가 저에게 족쇄로 작용할 테니 작가님도 안심할 수 있지 않을까요?
작가	하하. 그렇다면 지금 바로 녹취를 시작해 주십시오. 너무 흥분하신 것 같아 불안하던 참입니다.
남자	(스마트폰 녹취 기능을 활성화하며) 불안하셨다면 사과드립니다. 자식 문제이다 보니 아무래도 차분하게 말하기 어려운 게 제 솔직한 심정입니다. 자식의 미래를 걸고 작가님과의 결투에 나서는 셈이니까요. 작가님은 마르크스주의의 명운을 걸고 결투에 임하시는 거고요.

작가 어이쿠. 이 보잘것없는 작가의 어깨 위에 무슨 마르크스주의의 운명씩이나 걸려 있겠습니까. 그동안 써온 제 글에 대한 신뢰가 걸려 있을 따름이죠. 어쨌든 자제분의 진로 문제도 연관되어 있으니 저도 성심성의껏 진심을 담아 의견을 말씀드리겠습니다.

1장

그래서, 당신은 제대로 살고 있는가

우리는 자본주의 속에서 살아가고 있습니다.
그 힘은 절대 떨칠 수 없을 것 같습니다.
그러나 한때 왕들의 신성한 권리 또한 그랬지요.
인간의 힘이라면 무엇이든
인간이 저항할 수 있고 인간이 바꿀 수 있습니다.

어슐러 르 귄

의대 입학이라는 거사를 눈앞에 둔 자식에게 똥물, 아니 빨간 물을 튀기다니. 작가에게 온갖 분노와 경멸의 표정을 숨기지 않던 남자는 녹취가 시작되자 돌연 숙련된 배우처럼 태도를 전환한다. 자식에게 멋진 목소리를 들려주고 싶은 간절한 마음이 연기력으로 승화된 결과인가. 얼마나 지속 가능할지는 두고 봐야 하겠지만 말이다. 시대착오적이라는 비아냥과 손가락질 따위야 수십 년 동안 견뎌낸 질경이 같은 작가지만 이런 상황은 난생처음인지라 어안이 벙벙하다.

남자 저도 마르크스주의가 뭔지 대충 압니다. 한마디로 평등하게 살자는 거잖아요. 평등? 뭐 좋다 이거예요. 한

때 마르크스가 세상의 절반을 홀렸던 시절도 있었으니까요. 자본주의 진영과 사회주의 진영으로 나뉘어서 냉전이랍시고 서로 팽팽하게 줄다리기했죠. 그런데 그 결과가 어떻습니까? 자본주의는 승승장구하고 있고 사회주의는 쫄딱 망했잖아요. 저도 나이가 나이인지라 예전에 〈똘이장군〉, 〈해돌이〉, 〈추적 11호〉 같은 반공 만화 읽고 독후감 쓰곤 했어요. 저랑 비슷한 연배시니까 아시잖아요? 그 만화들.

작가 네. 저도 독후감 쓰고 상장도 받았죠.

남자 물론 그때는 냉전 시기이다 보니 사회주의나 공산주의에 대해서 과도하게 악마화한 부분이 있었습니다. 저도 그 정도는 알아요. 나 그렇게 꽉 막힌 사람 아니에요. 그런데 보세요. 지금은 심지어 마르크스주의나 사회주의를 위협적이라고 느끼는 사람조차 거의 없어요. 영향력이 없으니까요. 싸우러 링에 올라왔는데 상대 몸집이 너무나 왜소하고 깡말라 서 있는 것조차 불쌍해 보인단 말이에요. 그게 바로 마르크스주의와 사회주의의 현실이에요.

작가 그렇게 말씀하신다면 자제분이 시대착오적이고 허무맹랑한 얘기에 홀려서 관심을 가지게 됐다는 얘기가

김청기 감독의 <똘이장군> 연작(1978~1979)은 조선인민군을 여우와 늑대로 표현하고 북한 최고 권력자를 돼지로 표현하는 등 노골적인 반공 메시지를 내세워 흥행했다. 한국 애니메이션 사상 최초의 반공 선전물이었던 이 작품은 폐막 이후에도 매년 6월 방영되었고, 만화책으로 출간되어 독후감 대회 도서로 선정되는 등 반공 선전물의 대표적 사례로 남았다.

되는데요?

남자 아니, 무슨 말을 그렇게 하십니까! 우리 애 아이큐가 얼마인지 알아요? 무려 156이에요. 메시지를 공격하기 어려우면 메신저를 공격하라더니, 딱 그렇게 논쟁을 하시네. 이거 정말 너무 더티한 거 아닌가요?

작가 그렇게 받아들이셨다면 미안합니다. 하지만 말씀하신 것처럼 그렇게나 똑똑하고 성실한 자제분이 진지하게 관심을 가지게 된 사상이잖아요. 그렇다면 일단 아이

	가 도대체 무슨 얘기를 듣고 관심을 가지게 됐는지 알아보는 것부터 시작하는 게 좋지 않을까요?
남자	음…. 하긴 우리 아이가 보통 아이가 아닌데 도대체 무슨 얘기를 듣고 이렇게 됐는지 궁금하긴 합니다.
작가	일단 자본주의와 사회주의의 대결에서 자본주의의 일방적인 승리로 끝났다고 하셨는데, 그 얘기는 잘못된 내용입니다.
남자	무슨 얘기죠? 엄연한 역사적 팩트를 부정하려는 건가요? 북한이나 쿠바가 아직 남아 있다고 억지를 부리려는 건가요?
작가	한번 물어보겠습니다. 현대 국가들의 경제 운용 방식이 자본주의 일색이라고 생각하시나요?
남자	당연한 거 아닌가요? 자본주의 사회니까요.
작가	그렇지 않습니다. 현대 국가들은 대부분 자본주의와 사회주의가 결합한 혼합경제 시스템을 취하고 있어요. 시장의 자율성과 국가의 공적 개입을 결합하는 거죠. 예를 들어서 교육·의료·교통 같은 공공 서비스를 자본주의 시장 논리에만 맡겨두면 많은 부작용이 생기지 않겠어요? 소득이 적은 사람은 자칫 기본적인 교육, 의료 서비스조차 누리지 못하는 처지로 전락할 테

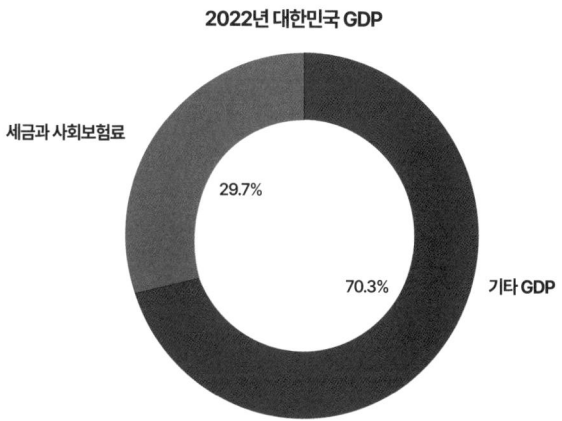

OECD 국가들의 평균 국민부담률은 34퍼센트 정도이며 프랑스, 덴마크, 스웨덴, 독일 등 안정적 복지로 알려진 국가들의 국민부담률이 가장 높은 편이다. 국민부담률과 행복지수는 어느 정도의 상관관계를 보여주고 있다.

고요. 이윤 논리로만 운영되면 두메산골에는 기차나 버스가 다니지 않게 될 겁니다. 국공립고등학교나 대학교가 없어지고 교육기관 일체가 자본주의식으로 운영되면 어떤 일이 벌어질까요? 돈을 낸 만큼만 가르쳐주는 게 자본주의잖아요. 교육 정책을 자본주의 시장에만 맡기는 국가는 그 어디에도 없습니다. 의료 서비스를 시장이 주도하게 한 결과는 미국 사례를 보시면 아실 테고요.

남자   그러니까 현대 국가에서 사회주의가 공공 서비스나 복지 같은 형식으로 명맥이나마 유지되고 있다는 건가요?

작가 명맥이라고 치부하기에는 생각보다 비중이 큽니다. **국민부담률**이라는 지표가 있어요. 한 국가의 국민이 부담하는 세금과 사회보험료의 총액을 그 나라의 국내총생산(GDP) 대비 비율로 나타낸 수치입니다. 경제협력개발기구(OECD) 통계를 보면 2022년에 대한민국의 국민부담률이 29.7퍼센트거든요. 이게 무슨 얘기냐면 2022년 국내총생산 중에서 29.7퍼센트에 달하는 액수가 세금과 사회보험료로 사용된 겁니다. 아시다시피 세금이나 사회보험료는 국가가 계획을 세워 절차에 따라 집행합니다. 말하자면 계획경제 성격이 강하지요. 우리나라 경제에서 그런 계획경제가 차지하는 비중이 29.7퍼센트나 된다는 겁니다. 게다가 우리가 부러워하는 유럽 복지 국가들은 국민부담률이 무려 50퍼센트에 육박할 정도입니다. 좀 거칠게 말하자면 그 나라 경제의 절반 정도가 사회주의적으로 돌아가고 있다는 얘긴데요. 이것을 명맥만 이어가고 있다고 하긴 어렵지 않을까요?

남자 뭐 그렇다 칩시다. 세상에 완벽한 게 어디 있습니까.

자본주의도 당연히 만병통치약은 아니지요. 자본주의의 단점을 보완하기 위해서 사회주의적인 제도를 일부 도입하는 걸 가지고서는 너무 확대해석할 필요는 없어요. 침소봉대예요, 침소봉대.

작가 방금 자본주의의 단점이라고 하셨는데.

남자 네. 그랬지요. 제 말에 무슨 문제라도 있나요?

작가 자본주의에 어떤 문제점이 있길래 사회주의적 제도를 일부 도입하고 있는 것일까요?

남자 그야 당연히 빈부격차 아니겠어요. 아무래도 사람마다 능력에 차이가 나다 보니 벌이가 같을 수는 없잖아요. 사회가 안정되려면 그 문제를 관리할 필요는 있죠. 이런 말을 하긴 뭐하지만 저처럼 잘 버는 사람도 있으면 작가님처럼 궁색하게 사는 사람도 있지 않겠어요?

작가 음…. 수입이 괜찮으신가 봐요?

남자 제 입으로 얘기하기가 좀 그렇지만, 임직원 150명이 일하는 기업을 운영하고 있네요. 작년 매출이 한 400억 정도 됐어요. 임직원 150명의 딸린 식구들까지 먹여 살리고 있는 사람입니다, 제가.

작가 그나저나 제가 왜 궁색하다고 생각하시나요?

남자 가령 지금 저기 보이는 소파 있잖아요. 딱 보니까 가리모쿠 제품인데 인조가죽이 엉망진창으로 뜯어져 있거든요. 저런 걸 그대로 방치하고 있다는 건 소파 교체가 부담스러운 형편이라는 것을 알 수 있는 거죠.

작가 하…. 대화를 녹취해서 자제분한테 들려준다고 하지 않았나요?

남자 (스마트폰 녹취 기능을 해제하며) 아! 그냥 안 들려주기로 했어요. 자꾸 녹취 신경 쓰다가 하고 싶은 말도 못 할 것 같아서요. 뭐, 기분이 나쁘셨다면 사과드립니다. 어쨌든 저 같은 사람이 낸 세금이 작가님 같은 사람을 위한 복지나 공공 서비스에 사용되는 거라는 사실을 알아주셨으면 해서요.

소득 격차는 능력 격차 아닌가?

남자의 선을 넘는 무례한 도발에 작가는 일순간 표정이 굳어졌다. 마르크스주의에 갓 관심을 가진 고2 학생의 미래가 걸린 일이 아니었다면 당장 대화를 거부하고 멱살을 잡아도 이상하지 않을 일촉즉발의 상황. 한참을 가만히 있던 작가가 천천히 입을 연다.

작가 녹취는 하시든 안 하시든 상관없습니다. 다만 지금 우리가 대화를 나누는 이유는 자제분의 진로 문제 때문이 아닌가요? 아이가 왜 진로를 바꾸려는지 그 이유를 파악하시려면 일단 제 얘기를 진지하게 경청해 주시면 좋겠습니다. 자꾸 공격적으로 얘기하시는데 그러면 제가 대화를 이어나가기가 어렵지 않겠어요?

남자 음, 알겠습니다. 제가 승부욕이 좀 강한 편이라 대화의 목적을 잠시 잊은 것 같습니다. 게다가 자식 문제가 걸려 있다 보니 자꾸 이성을….

작가 제가 사장님을 설득하려고 이런 주장을 펴는 게 아니라는 점을 알아주셨으면 합니다. 사람 생각이 잘 바뀌지 않는다는 건 누구보다 제가 잘 알고 있습니다. 그동안 마르크스주의에 관해 책을 쓰고 강의를 하면서 뼈저리게 느꼈으니까요.

남자 뭐, 아무튼 흥분한 건 미안합니다.

작가 제 의견을 받아들여 주시니 다행입니다. 그나저나 조금 전에 빈부격차에 대해 얘기를 하시다가 사람마다 능력에 차이가 나다 보니 벌이가 같을 수는 없다고 하셨는데요.

남자 맞아요. 그렇게 얘기했습니다.

작가 물론 사람마다 능력이 다르니 어느 정도 벌이가 차이 나는 건 자연스러운 일입니다. 하지만 마르크스는 자본주의 사회에서 자본가 계급과 노동자 계급 사이에 큰 소득 격차가 발생하는 건 단순히 능력의 차이 때문이 아니라고 했습니다.

남자 요컨대 제가 우리 직원들보다 훨씬 돈을 잘 버는 이유가 제 능력이 더 뛰어나서가 아니라는 얘기인가요?

작가 마르크스의 분석에 의하면 그렇습니다.

남자 그 분석이란 게 뭔지 참 궁금하군요. 한번 얘기해 주실 수 있나요?

작가 자제분의 학교에 가서 한 강의가 그 내용입니다.

남자 마르크스의 『자본론』을 강의하셨다고 하지 않았나요? 사회주의와 관련된 내용을 강의하신 것 아닌가요?

작가 **후후. 마르크스의 대표작인 『자본론』이 사실은 자본주의에 대한 분석을 담은 책이에요. 사회주의가 아니라요.**

남자 그렇습니까? 저는 『자본론』이 마르크스의 대표작이라고 해서 당연히 사회주의에 관한 내용이라고 생각했는데요.

작가	원래 고전이란 게 그렇지 않습니까. 제목은 들어봤지만 실제로 읽어본 사람은 많지 않잖아요. 그렇다 보니 내용에 대한 오해가 많지요. 마르크스의 『자본론』은 제목에도 나오듯이 자본주의 시스템을 과학적으로 분석한 책이에요. 누군가 사회주의가 싫어서 『자본론』에 관심이 없다고 말한다면, 마치 부처가 싫어서 성경책을 읽지 않는다는 얘기나 다름이 없는 겁니다.
남자	음, 어쨌든 우리 아이가 그 내용을 듣고 관심을 가지게 됐다는 거죠?
작가	그렇습니다.
남자	저한테 그 강의를 해주실 수 있나요?
작가	대략 1시간 30분이 걸리는데요.
남자	음, 시간 관계상 어렵겠군요. 좀 간략하게 요약해서 설명해 주실 수 없을까요?
작가	무리가 있기는 하지만 한번 해보겠습니다. 아시다시피 일반적으로 사람들은 노동자가 받는 임금이 그가 수행한 **노동의 대가**라고 생각하는 경향이 있습니다. 예를 들어서 월급은 한 달 일한 노동의 대가이고 시급은 내가 일한 시간에 대한 노동의 대가라고 여기는 거죠. 어떤 사람이 시급 2만 원짜리 알바를 하면서 다섯

시간 일하면 10만 원을 받죠. 이렇게 자신이 일한 시간에 대응해 돈을 받으면 사람들은 자연스럽게 임금이 노동의 대가라고 생각하게 됩니다.

남자 말해 뭐합니까. 그야말로 상식 중의 상식이죠.

작가 그런데 마르크스는 이것이 일종의 착시현상이라고 말합니다. 임금이 항상 시급·월급·연봉, 이렇게 시간 단위로 지급되니 사람들이 자신이 일한 만큼 받는다고 착각하게 된다는 것이죠.

남자 아니, 어떻게 그게 착시현상일 수 있지요? 우리 직원들도 한 달 일하고 약속대로 월급을 받고 있는데요.

작가 예컨대 한 노동자가 하루에 8시간을 일하고 일당으로 8만 원을 받았다고 합시다. 그러면 우리는 대체로 하루 8시간 노동의 대가가 8만 원이라고 생각하죠. 계산해 보면 1시간당 1만 원이에요. 하지만 마르크스의 주장에 따르면 노동자는 원래 1시간에 1만 원보다 훨씬 많은 가치를 창출한다는 겁니다. 예컨대 노동자가 1시간에 실제로 창출하는 가치가 2만 원이라면, 일당으로 받은 8만 원은 실제로는 8시간이 아니라 4시간 노동에 대응할 뿐인 거죠. 마르크스는 『자본론』에서 이 사실을 구체적인 계산을 통해 증명합니다. 그 계산

	과정이 다소 복잡하긴 하지만요.
남자	그러니까 말하자면 노동자는 하루 8시간 일해서 16만 원의 가치를 창출하지만 일당으로는 그것에 훨씬 못 미치는 8만 원을 받는다는 말인가요?
작가	그렇습니다. 노동자는 하루 8시간을 일해서 16만 원의 가치를 창출했지만 실제로 받는 임금은 그에 훨씬 못 미치는 8만 원을 받으니 노동의 정당한 대가가 될 수 없는 거죠. 일당 8만 원은 8시간 중에서 4시간에 불과하니까요.
남자	그러면 지불받지 못한 나머지 8만 원은 어떻게 되는 겁니까?
작가	바로 노동자를 고용한 자본가의 이윤이 되는 겁니다. 요컨대 노동자는 출근해서 하루 8시간을 일하는데 자신의 임금에 해당하는 시간이 4시간이고, 자본가의 이윤을 위해 일하는 시간이 4시간인 거죠. 물론 지금 제가 말씀드리는 수치는 임의로 가정한 것이고 실제 수치는 다를 수 있지만 어쨌든 기본적인 원리가 이렇다는 겁니다.
남자	….
작가	어떤 회사에서 100명의 노동자가 이런 조건으로 일

하고 있다고 합시다. 자본가는 노동자 한 명당 하루에 4시간씩 총 400시간 노동에 해당하는 가치를 이윤으로 벌어들이는 겁니다. 자본가의 관점에서 보면 100명의 노동자가 하루에 4시간씩 자신을 위해서 일하고 있는 셈인데 사업이 정상적으로 잘 돌아가면 당연히 부자가 되지 않겠어요? 마르크스는 바로 이러한 착취가 자본주의 사회에서 발생하는 극심한 빈부격차의 가장 근본적인 원인이라고 지적했습니다.

가난한 사람은 가난한 이유가 있다

남자 지금 제가 하고 싶은 말이 상당히 많아요. 따지고 싶은 부분도 많고요. 아! 걱정하지 마세요. 작가님한테 뭐라고 그러는 건 아닙니다. 마르크스의 이론에 대한 제 솔직한 심정이 그렇다는 겁니다.

작가 알겠습니다. 부담 가지지 마시고 편하게 얘기해 주세요. 제가 아는 한에서 성의껏 답변해 보겠습니다.

남자 일단 마르크스가 임금이 노동의 대가가 아니라고 한 이유는 이해했습니다. 제가 그 주장을 납득하느냐 마

"하하, 오해가 있었군요. 구독제에는 야근도 포함되어 있습니다."

느냐와는 별개로 말이죠. 그렇다면 도대체 노동자가 받는 임금의 정체는 뭡니까? 일한 만큼 받는 게 아니라면 말이죠.

작가   마르크스는 임금을 노동의 대가가 아니라 **노동력의 대가**라고 했습니다.

남자   노동력의 대가요?

작가   의미가 확 안 와닿죠? 좀 풀어서 말하면 **노동력의 재생산 비용**입니다.

남자   노동력의 재생산 비용이요?

작가   아직 좀 어렵죠? 자본주의 사회에서 노동자가 받는 임금의 의미를 정확하게 이해하려면 역사적으로 존재했던 다른 형태의 사회와 비교해 볼 필요가 있습니다. 우선 노예제 사회를 생각해 봅시다. 예컨대 제가 노예를 100명 거느리고 있어요. 그런데 제가 워낙 수전노이다 보니 노예들한테 지급하는 생필품이 아까운 거예요. 그래서 노예 한 명당 하루에 쌀 한 톨만 지급하기로 합니다. 그러면 어떻게 될까요?

남자 노예들이 굶어 죽겠지요.

작가 그러면 누구 손해죠?

남자 결국 노예 주인이 손해죠.

작가 그렇죠. 이런 식으로 손해를 보지 않으려면 노예 주인은 어떻게 해야 할까요?

남자 최소한 노예가 먹고살게는 해줘야죠. 그래야 노예들이 계속 일할 수 있잖아요.

작가 맞습니다. 그래야 노예를 부려서 이득을 볼 수 있겠지요. 노예가 일해서 만든 성과물은 모두 노예 주인에게 귀속되는데요. 거기에서 노예에게 지급하는 생계비를 제외하면 나머지는 노예 주인이 벌어들이는 수입이 되니까요.

남자 그렇죠.

작가	봉건 사회를 보죠. 당시 병작반수제라고 있었잖아요. 지주가 소작인에게 토지를 빌려주고 추수 때에 생산된 농작물의 절반을 지대 명목으로 받았지요. 그런데 제가 짠돌이 지주라서 농작물의 90퍼센트를 지대로 취하고 소작인에게는 10퍼센트만 남긴다고 합시다. 그러면 소작인이 굶어 죽거나 도망가겠지요. 결국 누구 손해일까요?
남자	지주가 손해를 보지요. 농사지을 사람이 없으니까요.
작가	맞습니다. 그러니까 최소한 소작인이 먹고살 정도는 보장을 해줘야 얘기가 되는 거죠.
남자	음….
작가	이쯤 되면 **노동력의 대가**라는 말의 의미를 감 잡으셨을 것 같은데요. 자본주의 사회에서 노동자가 받는 임금은 대체로 그들이 먹고살기에 필요한 수준으로 지급된다는 뜻입니다. 인간이 노동할 수 있는 육체적·정신적 상태를 유지하기 위해서는 기본적인 의식주를 해결해야 하잖아요. 음식도 주기적으로 섭취해야 하고 의복과 거주 공간도 필요하죠. 그뿐만 아니라 자식을 낳아 키울 수 있어야 합니다. 그래야 기존 노동자의 수명이 다해도 새로운 노동자가 끊임없이 수혈되

어 자본주의 시스템이 유지될 수 있으니까. 요컨대 **노동자의 생존과 번식에 필요한 돈을 지급한다는 게 바로 임금의 정체입니다.** 애초에 일한 만큼 받는 것과는 아무런 연관이 없다는 거죠. 노동력의 재생산 비용이라는 의미가 명확해지지요?

남자   한마디로 자본가는 노동자를 고용해서 일을 시키면서 먹고살 만큼만 임금을 지급하고, 노동자들이 생산한 것을 자기가 이윤으로 다 가져가서 부자가 된다는 뜻 같은데요. 제가 이해한 게 맞나요?

작가   물론 세세하게 따지고 들어가면 보충해서 설명할 부분이 많지만, 일단 큰 틀에서는 그렇게 이해할 수 있습니다.

남자   그러면 저는 우리 직원들 등골을 빼먹어서 부자가 됐다는 이야기인데요. 마르크스주의의 관점에서 보면 저는 아주 그냥 악마겠네요, 악마! 어휴, 뭐 작가님한테 성낼 일은 아니지요. 작가님은 그저 마르크스의 이론을 저한테 쉽게 설명해 준 것뿐이니까요. 아무튼 그건 그렇다 치고, 백번 양보해서 임금이란 게 노동의 대가는 아니라고 칩시다. 뭐, 일한 만큼 받지 않을 수도 있다고 보자고요. 그런데 현실에서는 노동자 사이에서도 임금 격차가 엄청나게 벌어진단 말이에요. 연봉 1억이 넘는 노동자가 있는 반면에 연봉 3000만 원 받는 사람도 있고요. 그런데 임금의 본질을 노동자가 생존과 번식에 필요한 만큼 받는 것이라고 단순화하면 설명이 너무 부실하지 않나요? 설득력이 떨어진단 말이에요, 설득력이!

작가 말씀대로 노동자 사이에도 임금 격차가 크다는 점은 사실입니다. 일부 노동자는 뛰어난 기술이나 업무 능력을 갖춰 자신의 가치를 끌어올리고 높은 연봉을 받기도 하죠. 노동조합을 결성해 사측과 단체교섭을 하게 되면 협상력이 생겨서 임금 인상을 따내기도 하고요. 하지만 노동조합도 결성되어 있지 않고 전문성이나 숙련도가 필요하지 않은 단순 업무를 수행하는 노동자는 근로조건이 매우 열악한 게 엄연한 현실입니다. 냉혹하게도 비정규직으로 고용불안을 겪고 있는 노동자들의 임금 수준을 보면 대체로 간신히 생계를 유지하는 정도의 금액을 받고 있어요. 언제든지 자신을 대체할 수 있는 다수의 실업자군이 대기하고 있으니까요.

남자 그거야 남들 다 열심히 공부할 때 놀러 다니고 게으름 피웠으니까 자업자득인 셈이죠. 솔직히 가난한 사람

	들을 가만히 보면 다 그렇게 사는 이유가 있다니까요. 이유가 있어요.
작가	잘 아시다시피 현실은 그렇게 단순하지 않습니다. 가난한 사람들이 모두 게으르거나 노력하지 않아서 그런 상황에 처한 건 아니잖아요. 어떤 사람들은 태어날 때부터 부유한 환경에서 자라 양질의 교육과 기회를 얻지만, 그렇지 못한 경우도 많습니다. 부모님의 수입과 자식의 학업 성취도가 매우 강한 상관관계를 가지고 있다는 보고서도 있고요. 그리고 설사 다소 게으르고 안이하게 살아왔다고 해서 타인에게 착취당하는 삶을 감내해야 할 이유는 없습니다.
남자	뭐… 원론적으로는 그렇지요.
작가	일부 노동자가 다른 노동자보다 더 높은 임금을 받는다 한들 높은 임금을 받는 그 노동자 역시 자신이 생산한 가치를 온전히 가져가는 건 아닙니다. 그 노동자를 고용했을 때 발생하는 부가가치에서 일부만을 임금으로 떼어줄 뿐이거든요. 나머지는 자본가의 이윤이 되는 거죠. 마르크스의 분석에 의하면 노동자가 자신이 창출한 부가가치를 온전히 임금으로 받으면 이윤이 발생할 수 없습니다. 하루 8시간을 일해서 16만

경제사회문화적지수(ESCS)에 따른 국가별 읽기 영역의 성취 격차 변화

국가	PISA 주기	ESCS 수준에 따른 성취도 평균			차이 (PISA 2018 - PISA 2009)		
		ESCS 하위 10%	전체 평균	ESCS 상위 10%	ESCS 하위 10%	전체 평균	ESCS 상위 10%
대한민국	2009	494.92	539.29	585.21	-31.67	-23.57	-26.07
	2018	463.25	515.72	559.14			
싱가포르	2009	459.96	526.29	589.10	12.06	22.40	15.12
	2018	472.02	548.70	604.22			
에스토니아	2009	462.38	501.20	540.05	25.31	22.82	19.29
	2018	487.69	524.02	559.34			
일본	2009	470.95	520.22	562.96	-20.18	-16.71	-23.47
	2018	450.78	503.51	539.49			
핀란드	2009	490.63	535.99	563.67	-23.87	-14.58	0.34
	2018	466.77	521.41	564.00			

경제사회문화적지수(ESCS)에 따른 국가별 수학 영역의 성취 격차 변화

국가	PISA 주기	ESCS 수준에 따른 성취도 평균			차이 (PISA 2018 - PISA 2009)		
		ESCS 하위 10%	전체 평균	ESCS 상위 10%	ESCS 하위 10%	전체 평균	ESCS 상위 10%
대한민국	2009	492.43	546.26	601.99	-21.13	-18.68	-19.77
	2018	471.30	527.58	582.22			
싱가포르	2009	489.83	562.31	623.49	10.26	6.02	-6.59
	2018	500.09	568.33	616.90			
에스토니아	2009	474.52	512.20	552.34	9.05	11.85	8.66
	2018	483.57	524.05	561.00			
일본	2009	482.49	529.33	571.58	-7.04	-2.67	-11.83
	2018	475.45	526.66	559.75			
핀란드	2009	500.71	540.57	565.88	-40.82	-32.49	-15.50
	2018	459.89	508.09	550.38			

출처: 한국교육과정평가원

PISA는 OECD가 3년마다 15세 이하 학생들의 교육 수준을 평가하고자 실시하는 국제 비교 연구다. 2018년 PISA의 분석에 따르면 한국 학생들의 부모의 사회적·경제적 지위에 따른 학생의 학습 격차는 매우 큰 편이며, 특히 2009년 연구에 대비해 격차의 폭 또한 확대되었다. 2022년 PISA 연구에서도 격차의 정도는 거의 유사하게 유지되었다.

원의 부가가치를 창출한 노동자가 16만 원을 일당으로 받으면 자본가의 몫은 없으니까요.

나는 땅 파서 장사하나요?

남자 제 말이 그 말이에요. 자본가는 무슨 땅 파서 사업하나요? 마르크스는 자본가를 그냥 노동자 피 빨아먹는 흡혈귀쯤으로 그려놓은 것 같은데, 그것참 웃기는 소리예요. 내가 흘리는 피땀은, 무슨 돼지기름인가? 저요, 이 회사 처음 만들 때, 어디 돈이 굴러다녀서 주웠겠습니까? 남들은 퇴근하고 술 마시고 놀 때, 저는 돈 안 쓰고, 대출받고, 집 담보 잡히고, 그렇게 만든 겁니다. 실패했으면 다 말아먹는 건 저라고요, 저! 노동자들요? 회사 망하면 다른 데라도 가지, 전요? 빚쟁이들한테 쫓기는 신세였을 겁니다.

직원들 월급 걱정하고, 거래처 눈치 보고, 어마어마한 세금 내야 하고, 시장 끊임없이 분석하고. 이 스트레스가 눈에 안 보이시죠? 마르크스주의자들은 늘 노동 노동 하는데, 경영도 노동이에요!

작가 인정합니다. 열심히 회사를 경영하는 자본가로서 충분히 하실 수 있는 이야기예요. 기업을 운영하는 데에 상당한 노력과 전문성이 필요하다는 점에도 당연히 동의하고요. 경영도 분명히 노동이고, 그 과정에서 누구보다도 열심히 일하신다는 부분도 이해합니다. 다만 **회사를 경영했다고 해서 이윤을 가져갈 명분이 생기는 건 아닙니다.** 생각해 보세요. 어떤 대기업이 있는데 대주주들이 회사 경영을 맡길 경영자를 뽑았어요. 그러면 이제부터 그 대기업의 경영은 누가 담당하겠습니까?

남자 대주주들이 뽑은 전문 경영인이죠.

작가 그러면 이제 대기업의 경영을 전담하는 그 전문 경영인이 회사의 이윤을 다 가져갈까요?

남자 그렇지 않죠. 전문 경영인은 자기에게 책정된 보수나 인센티브를 받죠.

작가 사장님이 말씀한 대로입니다. 마르크스주의적 시각이 아니라 주류경제학의 시각에서도 회사를 경영했다는 게 이윤을 가져갈 명분이 되지는 못합니다.

남자 음, 그건 저로서도 인정할 수밖에 없는 얘기군요. 이해했습니다. 하지만 위험부담을 감수하고 돈을 투자해서 사업을 일으킨 건 저입니다. 투자자가, 주주가, 이윤을 가져가는 건 당연한 것 아닌가요? 이 부분은 어떻게 설명하시겠어요? 내 새끼가 관심이 있다고 해서 어떻게든 마르크스주의를 이해해 보려고 하는데

"그는 대지와 저택, 그리고 그걸 스스로 일궜다는 믿음까지 상속받았다."
미국에서 노예제는 1865년에 이르러서야 전면 폐지되었다. 동시대인이었던 마르크스는 미국의 노예제는 인간을 완전히 도구화하는 조치라고 강경하게 비판했으며, 그 잔재가 자본주의에도 형태만 바꾼 채 남아 있다고 주장했다.

　　　　솔직히 들으면 들을수록 불편하고 거부감이 올라오는 군요.

작가　주류경제학에서는 이렇게 얘기합니다. 노동자는 노동을 제공한 대가로 임금을 받고, 자본가는 자본을 제공한 대가로 이윤을 받아 간다고 말이죠. 하지만 마르크스주의에서는 임금이 노동의 대가가 될 수 없다고 말하지요.

남자　그건 앞에서 설명하셨죠.

작가   '자본가는 자본을 제공한 대가로 이윤을 받아 간다.' 이 문제를 다루기 위해서는 **소유권**이라는 개념을 역사적으로 고찰할 필요가 있습니다.

남자   아니, 자본주의 얘기만 해도 머리가 아픈데, 뭘 역사적으로 고찰씩이나 합니까? 그냥 간단하게 설명해 주실 수 없나요?

작가   이게 가장 간단한 방법이라서 그렇습니다. 지금 회사를 운영하면서 이윤을 취득하고 계시잖아요.

남자   그렇지요.

작가   이윤을 가져갈 수 있는 명분이 뭐라고 생각하시나요?

남자   그거야 당연히 내 회사니까 그렇지요. 내가 소유권을 가지고 있으니까요.

작가   아시다시피 노예제 사회에서는 노예 주인이 노예가 열심히 일한 성과물을 다 가져갔지요. 노예에게는 딱 먹고살 수 있는 만큼만 지급하고요.

남자   그랬지요.

작가   사장님이 보시기에, 노예제 사회에서 노예 주인이 이런 특권을 누릴 수 있는 명분이 뭐라고 생각하시나요?

남자   그거야 뭐 노예는 노예 주인의 것이니까 그렇지요.

작가   맞습니다. 노예에 대한 소유권을 가지고 있으니 이러한 착취가 정당화되는 것이죠. 현대 사회의 시각으로 보면 부적절한 일이지만 노예제 사회에서는 노예 주인이 노예를 착취하는 행위가 불법이었을까요, 합법이었을까요?

남자 합법이었죠.

작가 그렇습니다. 소유권이 불평등과 차별을 합법화하는 장치로 사용된 것입니다.

남자 ….

작가 봉건제 사회에서는 지주가 소작인이 열심히 농사지어 추수한 작물의 절반을 가져갔습니다. 그렇게 가져가던 명분이 무엇이었을까요?

남자 지주가 농지에 대한 소유권을 가지고 있으니까?

작가 맞습니다. 이렇듯 **소유권은 예로부터 특권층이 이득을 취하는 불평등한 상황을 합리화하는 명분으로 사용되었습니다.**

남자 ….

작가 이렇게 역사적 관점에서 고찰하면 자본주의 사회에서 소유권이 어떤 기능과 역할을 하는지 선명하게 알 수 있습니다. 누군가 회사의 소유권을 가졌다고 인정받는 순간 자신이 고용한 노동자에게는 노동의 대가

보다 적은 임금을 지급한 후 남은 이윤을 전부 가져갈 수 있는 권한이 합법적으로 주어집니다. 자본주의 논리가 내재화되어 있는 사람에게는 이런 상황이 당연하게 여겨지겠지요. 마치 노예제 사회에서는 노예를 착취하는 게 자연스러운 일이었던 것처럼요.

남자 허! 그러면 마르스크가 보기에 저는 현대판 노예 주인인 건가요? 눈앞에 마르크스 그 양반이 있으면 진짜 먹살 잡고 따져 묻고 싶네. 우리 회사 직원들은 자발적으로 입사 지원했고, 약속된 급여를 받고, 자신이 원하면 언제든지 그만둘 수 있어요. 세상에 이런 노예가 어디 있습니까? 또 이렇게 노예 눈치 보는 노예 주인은 어딨고요? 그리고 솔직히 말해 누군가는 주인 역할을 해야 회사가 제대로 돌아갈 거 아닙니까. 나 없으면 회사 금세 망해요.

작가 그 마음 충분히 이해합니다. 제가 자본가여도 당연히 불쾌했을 것 같아요. 그런데 말이죠, 저는 이런 생각이 듭니다. **우리가 지금 사는 세상의 규칙들, 이런 건 다 어디서부터 시작된 걸까요?** 처음부터 이런 세상이지는 않았잖아요. 사실 따지고 보면 우리가 당연하다고 여기는 것들은 전부 특정한 시대, 특정한 역사 속에서 만들어진 거예요. 그런데 그걸 그냥 '원래 그런 거지' 하며 받아들이니까 어느 순간 우리 머릿속이 그 틀에 갇혀버리게 됩니다. **자본주의 논리라는 지적 감옥**에 말이죠. 자본주의가 우리한테 너무 자연스럽게 느껴지니까, 그 바깥을 상상하는 게 점점 어려워지는 겁니다. 예전에도 노예제나 봉건제를 다 당연하다고 생각했지만 지금은 그렇지 않잖아요. 마찬가지로, 언젠가 후손들도 지금의 자본주의를 불공정한 사회였다고 볼 수도 있지 않을까요? 진짜 자유롭게 사고하고 싶다면, 이 지적 감옥에서 한 번쯤은 빠져나올 용기와 지혜가 필요하다고 생각해요.

남자 용기와 지혜라고요? 말은 참 번지르르하군요. 그렇게 만용을 부리며 자본주의라는 엄연한 현실을 부정하니까 사회부적응자가 되는 거예요. 자본주의가 그렇게 만만한가요. 당장 우리 회사가 어려워지면 빚쟁이들이 누굴 찾아올까요? 직원들? 천만의 말씀! 나를 찾아와요. 내가 투자자이고 소유권자니까. 직원들은 회사가 어려워도 월급 꼬박꼬박 받겠죠. 소유권자로서의 고충과 어려움은 어디에 있나요?

작가 물론 투자자로서 손실 위험을 감수해야 하는 어려움이 있지요. 하지만 노동자들도 회사가 어려워지면 심한 경우 정리해고를 당해서 실업자로 나앉게 됩니다. 생존 자체가 위협받는 거죠. 오히려 노예라면 노예 주인이 재산상 손해를 막기 위해서라도 기본 생계는 보장해 주지 않겠어요? 자기 소유물인 노예가 죽으면 곤란하니까. 그러니 당장 노동자들이 회사가 이윤을 내든 말든 꼬박꼬박 임금을 받는다고 해서 과연 그렇게 유리한 처지에 있다고 말할 수 있을까요. 노동자는 결국 자본가의 지시대로 일하죠. 회사의 전략적 결정이나 방향 설정에 대한 별다른 권한이 없습니다. 회사가 어려워지는 상황을 살펴보면 경영 실패인 경우가 대부분이죠.

남자 ….

작가 이해를 돕기 위해 조금만 더 부연해서 설명하자면, 예컨대 제가 A라는 회사를 소유한 자본가라고 합시다. A를 운영하며 노동자에게 임금을 지급하는 등 이런저런 비용을 제하고 남은 돈이 내 몫의 이윤이지요. 다행히 운영이 잘되어 이윤 적립금이 순식간에 불어나고, 그 돈으로 회사 B를 새로 설립했어요. 이제 B에서 발생하는 이윤 또한 전적으로 내 몫이 됩니다. 회사

A에서 번 '내 돈'으로 회사 B를 세웠으니까요. 그런데 한번 곰곰이 따져보죠. B를 설립하는 데 사용한 자금은 A에서 벌어들인 이윤인데, 앞서 마르크스의 분석에 의하면 이윤은 노동자가 자신이 받은 임금보다 더 많이 일하고 그 부분을 자본가가 취득해서 발생한 것입니다. 요컨대 회사 A에서 자본가가 취득한 이윤은 순전히 자본가 자신의 노력과 능력에 의해서 발생한 게 아니라는 의미입니다. 내가 회사 B를 설립할 수 있었던 것은 회사 A의 노동자를 착취할 수 있었기 때문이죠. 결국 자본가가 투자했다는 자금의 형성 과정을 소급해 분석하면 이윤은 자본가 혼자 잘나서 번 돈이 아니라 타인의 노동이 축적된 결과물입니다. 다만 그것이 '소유권'이라는 현대판 신분제를 통해 자본가에게 합법적으로 귀속됐을 뿐이죠. 이러한 아이디어를 확장해 보면 **세상에 존재하는 모든 형태의 부는 공동체 구성원이 함께 이룬 사회적 성과물**이라는 얘기가 성립됩니다.

남자 …그런데 말입니다. 한 개인의 획기적인 발상이 놀라운 발전을 가져오기도 하지 않나요? 빌 게이츠, 마크 저커버그, 일론 머스크, 제프 베이조스 같은 기업가들

애덤 스미스(좌), 데이비드 리카도(중), 카를 마르크스(우)는 자본주의와 경제학의 흐름 속에서 연속과 단절의 흐름을 보여주는 사상가들이다. 스미스는 시장의 자율성과 분업의 효율성을 강조하며 근대 경제학의 토대를 세웠고, 리카도는 이를 계승해 노동가치론과 지대 이론 등 자본주의 구조를 보다 이론적으로 정립했다. 마르크스는 흔히 시장경제학과 반대되는 인물로 여겨지지만 실제로는 스미스와 리카도의 이론, 특히 노동가치론을 깊이 있게 분석하고 비판적으로 발전시켜 자본주의의 착취 구조와 모순을 해명하려 했다. 세 사람은 자본주의를 각각 옹호(스미스)·분석(리카도)·비판(마르크스) 하면서 경제학의 이론적 기반을 확장해 나갔다.

처럼 말이에요. 이윤이 자본가의 혁신적 아이디어에 대한 보상일 수도 있잖아요.

작가 물론 한 개인이 뛰어난 지식과 역량으로 놀라운 혁신을 낳는 사례도 있지요. 하지만 그 대단한 개인이 보유한 지식은 대부분 과거에 수많은 사람이 쌓아 올린 지식의 탑에 크게 빚지고 있습니다. 내 머릿속 지식 중에서 과거 사람들의 열정과 노력, 헌신이 없어도 알 수 있을 만한 게 과연 얼마나 되겠어요. 당장 저만 해도 지금 강의하는 내용은 죄다 마르크스한테 빚진 내용이에요. 그러면 마르크스는 혼자서 이론을 다 세웠을까요? 아닙니다. 선배 학자인 애덤 스미스나 데이비드 리카도가 없었다면 마르크스도 없었지요. 빌 게이츠, 마크 저커버그가 아무리 똑똑하다 한들 그들이 가진 지식 대부분은 과거 사람들의 업적에 기대고 있을 뿐입니다. 인류가 쌓아온 지식의 거대한 탑에서 그들은 그저 벽돌 하나 정도 더 놓은 것에 불과합니다. 마르크스주의적 관점에서 보았을 때 그들이 엄청난 부자가 된 건 놀라운 혁신을 이뤘기 때문이 아닙니다. 단지 자본가이기 때문에, 다른 사람의 시간을 빼앗아 이윤으로 바꿀 수 있었기 때문에 부자가 된 겁니다. 생각해 보세요. 일론 머스크가 아무리 획기적인 아이디어를 가지고 있더라도 어떤 기업의 팀장이었다면 그런 거대한 부를 축적할 수 있었겠어요?

한껏 찡그린 얼굴로 작가의 얘기를 듣던 남자는 넥타이 매듭이 답답하다는 듯 신경질적으로 확 당겨서 헐겁게 만든다. 그러더니 안경을 벗어들고서는 안구에 압력이 가해지는 소리가 들릴 정도로 눈을 비벼댄다. 갑작스러운 행동에 당황한 작가는 하던 말을 멈추고 침을 꼴깍 삼키며 남자의 다음 행동에 촉각을 곤두세운다. 안경을 고쳐 쓴 남자는 천천히 고개를 가로저으며 다소 맥 빠진 목소리로 작가에게 말을 건넨다.

남자   작가님, 〈친구〉라는 영화 아세요?
작가   장동건과 유오성 배우가 등장하는 영화 아닙니까.
남자   맞아요. 거기서 마지막 장면에 장동건 씨가 뇌까리는 대사가 있죠? "고마해라 마이 무따 아이가."
작가   ….
남자   그냥 다 내가 잘못했다는 얘기 같고, 내가 죄인이라는 얘기 같네요. 징역 20년 정도는 두들겨 맞아야 하는 사람인 듯해서요. 솔직히 자식 문제가 얽혀 있지 않으면 내가 이런 얘기를 계속 듣고 있을 이유가 없는데 말이에요. 내가 가장 속상한 게 뭔지 아세요?
작가   ….
남자   우리 애가 이런 사상에 심취했다고 하는데, 과연 이 아비를 어떤 눈으로 보고 있을지…. 그걸 생각하니 힘이 빠져서 그럽니다. 뭔가 허탈하기도 하고. 작가님 얘기에 일일이 반박할 기운도 없고.
작가   ….

세상에는 좋은 경영자도 많잖아요

남자　내가 우리 직원들한테 얼마나 잘해주려고 노력하는지 알아요? 우리 회사 퇴근이 오후 5시예요. 연봉도 업계 최고 수준으로 두둑하게 챙겨주고요. 물론 직원들이 저한테 말 못 하는 불편한 점도 있겠지요. 그래도 블라인드에서 우리 회사 점수가 3.8이나 된단 말입니다. 아! 작가님은 골방에서 글만 쓰느라 블라인드에서 3.8이 얼마나 괜찮은 점수인지 모를 수도 있겠군요.

작가　음…. 사실 내내 마음에 걸리는 게 있는데요.

남자　도대체 뭔가요?

작가　혹시 괜찮으시다면 자제분 사진을 한번 보여주실 수 있을까요?

남자　네? 갑작스럽게….

작가　짐작 가는 부분이 있어서 그렇습니다. 확인해 보고 싶어서요.

남자　(쭈뼛쭈뼛 스마트폰을 내밀며) 이 녀석입니다.

작가　후후, 역시 당첨이군요.

남자　혹시 강의 때 무슨 일이라도 있었나요? 우리 애가 사고 칠 녀석은 아닌데….

작가	무슨 일이 있었지요. 사고 친 건 전혀 아니고요. 자제분이 강의를 듣고 질문을 하더라고요.
남자	그래요? 어떤 질문인데요?
작가	"아버지가 회사를 운영하고 계십니다. 그러니까 자본가인데요. 마음이 복잡하네요. 우리 아버지가 직원들을 착취하고 있는 건가요?"
남자	…어휴. 내 그럴 줄 알았다니까요. 어휴.
작가	너무 걱정하지 않으셔도 됩니다. 제가 당시 자제분께 어떻게 대답했는지 들으시면 마음이 한결 편해질 겁니다.
남자	그래요. 정말, 정말 꼭 듣고 싶네요. 대체 뭐라고 하셨나요?
작가	상식적으로 생각해 보세요. 제가 "맞아. 네 아버지는 직원들을 착취하고 있어"라고 대답했겠습니까?
남자	….
작가	제 친구나 지인 중에도 회사를 운영하는 자본가가 있습니다. 그들에게 어떻게 노동자를 착취하며 사냐고 비판하지 않습니다. 솔직히 사업해서 돈 버는 게 만만한 일이라면 누구나 하려고 하겠지요. 그게 어디 쉬운가요? 잘되면 큰돈을 벌기도 하지만 상황이 어려워지

면 직원들 월급 마련도 버거워 전전긍긍하며 빚을 지기도 하죠.

남자 제 말이 그 말이에요. 제 말이!

작가 이 문제 또한 역사적으로 고찰할 필요가 있습니다.

남자 또 역사적 고찰인가요?

작가 아시다시피 먼 조상들이 살던 시대는 지금보다 훨씬 극심한 차별이 존재했습니다. 아예 대놓고 신분을 나눌 정도였으니까요. 그렇다고 21세기의 우리가 과거의 왕이나 정승, 양반을 싸잡아 몹쓸 인간이라고 욕하나요?

남자 그렇지 않지요.

작가 어떤 역사가가 그렇게 말한다면 편협하고 일차원적인 식견이라는 매서운 비판을 피하기 어려울 거예요. 왕이나 정승, 양반 중에서도 공동체 성원이 두루두루 풍요롭고 행복하게 살도록 노력을 아끼지 않은 이들이 있었어요. 그리고 그들은 수백 년이 지난 지금까지도 사람들의 입에 오르내리며 칭송받고 있지요.

남자 맞아요! 맞아!

작가 저도 마르크스주의자이자 사회주의자이지만 어쨌든 자본주의라는 현실의 중력장 안에 발 딛고서 살고 있잖아요. 더군다나 **제가 극복하려는 것은 불평등과 차별을 양산하는 시스템 그 자체이지 특정한 자본가 개인이 아니에요.** 현재의 잣대로 과거의 인물을 멋대로 재단할 수 없듯이 아직 다가오지 않은 미래, 그러니까 사회주의의 잣대로 애먼 자본가 개인을 비난할 수는 없지요. 물론 못된 자본가는 예외지만요. 하지만 사장님은 직원들에게 잘해주시려고 노력하는 분이잖아요.

남자 아이고, 작가님께서 저희 아이에게 그런 취지로 답을 해 주셨다는 거죠? 고맙습니다. 덕분에 마음이 한결 편해지네요.

작가 그렇다면 다행입니다.

남자 사실 좀 심하다 싶은 사장들이 있는 건 사실이에요. 우리 업계에서도 제법 규모가 되는 회사가 있는데 블라인드 점수는 2.3인 데다가 내 귀에까지 안 좋은 소문이 들어올 정도라니까요. 그런 사장은 좀 정신을 차려야 해요.

작가 그렇지요. 다만 이 점만은 확실히 말씀드리고 싶습니다. 만약 누군가가 좋은 왕이 다스리면 태평성대가 이어질 수 있지 않느냐며 다시 과거의 신분제 사회로 돌아가자고 한다면 얼마나 허무맹랑한 얘기겠어요. 마찬가지입니다. 어떤 사람들은 자본가가 윤리의식과 사회적 책임 의식을 가지고 회사를 운영하면 자본주의가 건전하게 돌아가지 않겠느냐고 주장하지만, 그것은 마르크스주의적 관점에서 보았을 때 번지수가 완전히 잘못된 얘기입니다. **자본주의 시스템은 자본가의 심성이 선하냐 악하냐와는 별개로 노동자에 대한 착취가 일상적으로 발생할 수밖에 없는 시스템입니다.** 이윤은 노동자의 빼앗긴 시간에서 발생하니까요.

그뿐만 아닙니다. 왕이 성군인지 폭군인지에 따라 사회의 거대한 영역이 좌지우지되는 게 바람직하지 않듯이, 자본가가 회사를 착하게 운영하기만을 바라야 하는 상황을 민주적이라고 부를 수는 없는 노릇입니다. 결국 자본주의란 대다수 노동자를 소수 자본가의 지배하에 두는 경제적 독재 시스템일 뿐이라는 게 마르크스의 주장이었죠.

남자 쩝. 아무래도 저는 마르크스와 친해지기는 쉽지 않을 것 같군요. 그래도 작가님 얘기를 하나하나 듣다 보니 마르크스가 그냥 무지성으로 평등만 내세우며 대중을 선동하는 사람은 아니라는 생각은 듭니다. 미처 생각해 보지 못한 부분을 깨닫게 하는 면이 있어요. 지

	금까지와는 다른 관점에서 본다고나 할까요. 뭐, 나이 들어서 이럴 일도 잘 없으니 나쁘지 않을지도요. 가끔 불편해지는 건 어쩔 수 없지만요.
작가	이렇게 얘기를 나누다 보니 예전에 어떤 사장님이 저한테 전화를 걸었던 일이 생각나네요.
남자	누군가요?
작가	전혀 모르는 분이었는데, 제 책을 읽고는 강한 인상을 받았는지 어떻게 제 연락처를 알아내서 연락을 주셨습니다.
남자	뭐라던가요?
작가	오래된 일이어서 기억이 가물가물하긴 합니다만, 그분이 부산 지역 중소기업 사장들의 모임에서 간부를 맡고 있다고 했던 것 같아요. 저를 초청해서 지역의 중소기업 사장들에게 『자본론』 강의를 들려주고 싶다고 하더군요.
남자	하하. 그게 말이 되나요? 너무 순진한 생각 같은데….
작가	저도 똑같이 생각해서 강의 듣다가 사장님들이 불편해하시지 않겠냐고 우려를 표명했어요. 그런데 전화하신 분이 하는 말이, 자신도 그런 우려에 충분히 공감하지만서도 사장들도 마르크스의 『자본론』 강의를

	듣고 의식을 바꿔야 한다고. 그래야 우리 사회가 더 나아질 수 있다고 열정과 확신에 차서 얘기하시는 거예요.
남자	흠, 안 될 것 같은데….
작가	저로서는 우려가 되면서도 한편으로는 기대되는 측면도 있었어요. 무려 자본가들의 모임에서 마르크스의 『자본론』을 강의하다니. 뭔가 생각만 해도 짜릿하잖아요. 하지만 노동자를 대상으로 강의하는 방식과는 좀 달라야 할 것 같았어요. 마르크스주의의 관점에서 보자면, 착취당하는 사람이 아니라 착취하는 사람을 대상으로 강의하는 거니까요. 그래서 자본가들에게 하고 싶은 얘기를 따로 준비하기도 했어요.
남자	그래요? 어떤 내용인데요?
작가	"자본가에게 축적되는 부는 절대로 자본가 개인의 능력 때문이 아님을 유념하시기 바랍니다. 여러분이 거둬들인 부는, 자본주의라는 불평등한 시스템이 부여한 '합법적' 착취 면허 덕택입니다. 그러니 가능한 한 직원들과 회사의 성과를 일정 부분 공유하도록 노력하십시오."
남자	하하하하하하하하!

"자, 이제 주인의식이 뭔지 알겠지?"

작가 "노동자에게 주인처럼 일하기를 기대하지 마세요. 그들도 자기 소유의 가게에서 일한다면 누가 시키지 않아도 주인처럼 일합니다. 자기 일처럼 열심히 일하기를 원한다면 회사 지분을 나눠 주세요. 하지만 그러지 않을 거잖아요? 그러니 무리한 기대는 금물입니다."

남자 ㅎㅎㅎㅎㅎㅎㅎㅎ!

작가 "월급 주는 걸 아까워하지 마세요. 노동자는 대체로 자신이 회사에 기여한 것보다 적게 가져갑니다. 그들이 적게 받는 만큼 당신의 이윤이 늘어나는 겁니다.

만약 노동자가 일한 만큼 받는다면 자본가는 지금 정도로 부자가 될 수는 없어요. 사장이 직원들을 먹여 살리는 게 아니고 직원들이 사장을 먹여 살리는 것입니다. 고맙고 미안한 일 아닌가요?"

남자 (고개를 절레절레 흔들며) 크크크크크크크크! 아이고 작가님 참으로 순진하셨네요.

작가 크크. 지금 같으면 절대 저렇게 안 하지요.

남자 궁금하네요. 그래서 진짜 저 얘기를 사장들 앞에서 했습니까?

작가 아쉽게도 무산됐어요.

남자 역시!

작가 며칠 있다가 다시 전화가 오더라고요. 낙심한 목소리로 얘기하더군요. 초청 강연에 대한 반대가 예상보다 심해서 무산됐다고요.

남자 내 그럴 줄 알았다니까요.

작가 그분 목소리에 힘이 없길래 제가 오히려 위로해 줬어요. 그래도 뻔히 예상되는 반대를 감수하고 저에게 그런 제안을 한 게 대단하다고 생각했어요. 과연 나라면 저렇게 할 수 있었을까?

남자 글쎄요. 만용이지 않았을까요.

작가 아무튼 다시 한번 말씀드리지만, 자제분께는 잘 얘기 했으니 전혀 걱정하실 필요가 없습니다. 비슷한 질문을 가끔 받는 편이라 아예 매뉴얼처럼 이렇게 대답하고 있답니다. "마르크스의 분석이 그렇다는 거죠. 너무 부담 느끼지 마시고 경제학 고전 강의 잘 들었다고 편하게 생각하세요. 직원들에게 제때 꼬박꼬박 월급 넣어주시고, 소중하게 대해주시잖아요? 그러면 훌륭하신 거죠. 현실에서는 그렇게 안 하는 분들도 많으니까요."

세상에서 가장 야심 차고 따뜻한 생각

남자 작가님이 제 아이에게 오해가 없도록 잘 대답해 주신 건 감사드립니다. 하지만 저는 아비로서 여전히 고민이 큽니다. 애가 중요한 시기에 갑작스럽게 마르크스주의에 푹 빠져가지고서는 되지도 않는 소리를 하고 있으니까요. 작가님한테 책임이 있다고 생떼를 쓰려는 건 아닙니다. 처음에는 워낙 흥분한 상태여서 그렇게 얘기한 거고요.

작가 제가 보기에는 예방접종이 없어서 자제분이 그렇게 된 측면도 있다고 봅니다.

남자 예방접종이요?

작가 제 경험을 말씀드리자면, 저는 대학생 때 처음 『자본론』을 접하고 천지가 개벽하는 충격을 받았어요. 그야말로 천동설을 믿고 있던 사람이 지동설을 처음 접하는 기분이랄까요. 눈앞에 펼쳐져 있는 빈부격차의 원인을 그 어떤 이론보다도 명쾌하게 설명하니 망치로 뒤통수를 세게 맞은 느낌이었어요. 사장님한테는 요점만 추려서 설명했지만, 『자본론』에서는 자본가의 이윤이 노동자의 빼앗긴 시간에서 어떻게 나오는지를 수학적으로 자세하게 풀어놓았거든요. 수학과 물리를 좋아하는 공대생이었던 저에게는 그 과정이 마치 뉴턴의 역학법칙이나 아인슈타인의 상대성이론처럼 대단하게 느껴졌습니다. 한편으로는 제도권 교육에 대한 배신감도 들었죠.

남자 무슨 얘긴지 알겠네요. 그러니까 〈똘이장군〉, 〈해돌이 대모험〉, 〈추적11호〉 같은 반공 만화를 읽히고 독후감 쓰게 한 일이 국가에서 나를 세뇌하려고 그랬던 거라는 생각이 들었겠군요.

작가	독이 있으니 따 먹으면 안 된다던 과일을 막상 먹어보니 너무 맛있었던 거예요. 마르크스의 『자본론』은 제도권 교육을 통해 형성된 제 세계관 일체를 뒤흔들었어요. 처음으로 지식에 대한 강렬한 취향이 생겼습니다.
남자	취향이요?
작가	네. 취향이 생기면 맛을 구별하게 되잖아요. 배가 고프니 먹는 수준을 넘어 구체적이고 특별한 맛을 추구하는 의식적 활동이 시작되는 거죠. 지식에 취향이 생기니 마르크스주의 서적을 닥치는 대로 탐독하고, 그것으로도 부족해 80년대 운동권 서적을 찾아 헌책방을 이곳저곳 들쑤시고 다녔습니다. 맛집 찾아다니듯 말이에요. 맛을 아는 몸이 되니 어느덧 삶의 방향도 크게 바뀌었죠.
남자	그러면 우리 애가 지금 작가님처럼 취향이 생겼다는 겁니까? 이거 정말로 큰일이네요!
작가	일단은 초기 단계로 보여요. 예전보다는 나아졌다고 하더라도 우리나라 교육은 사상적으로 자본주의에 편향되어 있잖아요. 마르크스주의적 시각을 제대로 접할 기회가 없다 보니 아무래도 강의를 듣고 충격이 컸을 겁니다.

남자	예방접종 기회가 없다 보니 마르크스주의라는 바이러스가 속수무책으로 퍼지고 있는 거군요. 지금이라도 충격을 좀 완화할 방법이 없을까요? 긴급하게 투여할 백신 같은 건 없나요?
작가	일단은 상황을 지켜보시는 게 좋을 것 같습니다.
남자	아니! 그러다가 바이러스가 뇌 전체를 잠식하면 어떡하나요?
작가	아이고 사장님. 그러면 저는 이 '악성' 바이러스의 유포자인가요?
남자	뭘 또 그렇게까지 얘기하시면 제가 뭐라고 할 말이…. 지금 우리 아이 진로가 달려 있으니 그런 거죠. 작가님도 애 키우는 부모 아닙니까. 이 답답한 마음을 이해 좀 부탁드립니다.
작가	어쨌든 조심스럽게 접근할 필요가 있습니다. 하지 말라고 하면 더 하게 되는 심리 있지 않습니까. 리액턴스 효과라고 부르는 거 말이에요.
남자	청개구리 심리를 말하는 거군요.
작가	부모가 자녀의 관심사에 지나치게 강압적으로 개입하면 자녀가 심한 반발심을 느끼고 오히려 관심사에 더 깊이 탐구하려는 경향을 보이기도 하잖아요.

남자	사실 우리 아이가 고집이 좀 센 편이에요. 그래서 더 걱정되어요.
작가	그렇다면 더욱 조심하셔야죠. 돌이켜 보면 저도 학교에서 강압적으로 받은 반공 교육에 대한 반발심에서 마르크스주의에 더욱 관심을 가졌던 것 같거든요. 하지 말라니까 더 호기심이 생기기도 하고요.
남자	그러면 저더러 그냥 가만히 있으라는 얘긴가요? 정말 답답하군요.
작가	일단 지금 상황을 너무 부정적으로만 보시는데, 저는 일단 자제분이 마르크스주의에 관심을 보이는 일 자체는 긍정적으로 볼 여지가 많다고 봅니다. 그렇다고 사회학과에 진학해야 한다는 얘기는 아니에요. 오해하지 마시고요.
남자	도대체 이 답답한 상황이 뭐가 긍정적이라는 거죠?
작가	상황을 다른 관점에서 보는 거죠. 그러니까 자제분의 대학 진학이라는 관점에서만 볼 게 아니라 우리 아이가 왜 마르크스주의에 관심을 가지게 됐는가 하는 관점에서 살펴보는 겁니다. 자제분이 왜 마르크스주의에 관심을 가지는 것 같나요?
남자	흠, 지금까지 접하지 못했던 새로운 시각에 대한 호기

심이겠죠.

작가 사장님 말씀대로 자제분은 지적 호기심이 왕성한 학생이에요. 우리 아버지가 직원을 착취하는 거냐고 서슴없이 저한테 질문할 정도로 말이죠. 누가 시키지도 않았는데 스스로 제 책을 구해서 탐독하고 있기도 하고요. 아이큐도 156이나 된다면서요. 머리도 아주 좋고요.

남자 하하. 맞아요. 맞아!

작가 만약 자제분이 지적 호기심도 없고 이해력도 높지 않았다면 제 강의를 들어도 아무런 관심을 보이지 않았을 거란 말입니다. 이 얼마나 긍정적이고 고무적인 일입니까.

남자 확실히 그건 그렇지요. 애가 너무 똑똑해서 탈이라니까요.

작가 마르크스주의에 관심을 가지게 된 또 다른 이유는 없을까요?

남자 음… 생각해보니 어릴 때부터 그런 일에 관심이 많았어요. 『성냥팔이 소녀』에 꽂혀 가지고 얘는 왜 가족이 없는지, 왜 맨발로 돌아다니는지, 정말 죽었는지 질리도록 물어보질 않나.

작가 그렇겠죠. 솔직히 혼자 잘 먹고 잘사는 것에만 관심 있는 사람이라면 『자본론』 강의를 듣고서도 '그래서 나보고 어쩌라고? 세상이 원래 그런 거 아냐?'라고 대수롭지 않게 넘겼을 겁니다. 심지어 어떤 분은 한참 『자본론』 강의를 듣고 나서도 어디에 투자해야 수익이 날 것 같냐며 주식과 재테크 질문을 하더라고요.

남자 하하…. 그건 좀.

작가 하지만 자제분의 반응은 다르잖아요. 자본주의에서 발생하는 빈부격차의 원인을 날카롭게 지적한 마르크스주의에 진지하게 관심을 가진다는 건 단순한 지적 호기심을 넘어서는 일입니다. 그것은 타인의 아픔에 공감하고 사회적 차별과 불평등을 외면하지 않겠다는 마음의 표현이지요. 아마도 자제분은 무엇을 위해 살아야 하는지에 대한 깊은 고민을 하는 것 같습니다. 삶의 목적을 개인의 성공이나 부의 축적에 두지 않고, 더 나은 세상과 공동체를 위해 어떤 역할을 할 수 있을지 생각하는 것이죠. 이는 부모로서 매우 자랑스러워하실 만한 일이라고 생각합니다. 어쩌면 의사로서 아픈 사람을 고치겠다는 마음이 더 발전하여 아픈 사회를 치유하고 싶다는 포부로 이어진 것일 수도 있습니다. 사회적 질환을 고치는 의사가 되겠다, 이런 뜻이지요. 이는 단순한 직업 선택을 넘어 삶을 대하는 태도와 가치관의 문제라고 볼 수 있습니다.

남자 음, 그럴 수 있어요. 사실 우리 아이가 애초에 의대 진학에 관심을 보인 이유도 아픈 사람을 치료하는 일이라면 큰 보람을 느낄 것 같아서였어요. 제가 아이에게 의대 진학을 권유한 건 의사가 수입도 안정적이고 남들에게 존경받는 직업이기 때문이지만요. 솔직히 사업하는 건 여러 가지로 피곤해요. 지금 당장은 잘 굴러간다고 해도 언제 망할지 모르는 거고. 살얼음판 걷는 기분이거든요. 자식한테까지 이 짐을 지워주고 싶지는 않아요. 게다가 막말로 제가 병원 하나 마련해 줄 능력은 있단 말이에요.

(남자는 잠시 생각에 잠긴 듯하다가, 미소를 지으며 말을 이어간다.)

그래요. 딸아이가 참 따뜻하고 생각이 깊은 아이라고 느낀 일이 있었어요. 작년 겨울에 날씨가 아주 추웠잖아요. 저랑 같이 길을 가다가 노숙자를 본 거예요. 대부분 그냥 지나쳤을 텐데, 우리 아이가 갑자기 근처 편의점에 들어가서 컵라면과 핫팩을 사는 거예요. 그걸 노숙자에게 건네면서 목례를 하더군요. 그 행동이 참 기특하면서도 한편으로는 걱정도 되어서, 일일이 불쌍한 사람들을 다 도울 순 없는 노릇이라고 조심스럽게 말해줬습니다. 그랬더니 우리 애가 뭐라고 했는지 아세요?

작가   뭐라고 하던가요?

남자   자기 혼자서 이런다고 뭐가 달라질까 싶기도 하지만, 그런 생각이 자기에게 불편한 마음을 외면할 면죄부를 주는 것 같다고, 그런 요지였어요. 말이 그렇게 많은 애가 아닌데, 너무 어른 같은 말을 덧붙여서 그건 기억에 남네요. "인간은 언젠가는 죽잖아. 하지만 어차피 죽을 팔자라며 아무렇게 사는 사람은 없어. 일부러 맛있는 음식을 먹고 예쁜 거리를 걷고 싶어 하잖아. 어차피 죽을 운명이기 때문에 지금 이 순간이 더 소중한 거지. 내가 지금 눈앞의 한 사람에게 작은 도움을 드리면 지금 이 순간만큼은 그분이 조금 더 행복해질 거야."

작가   ….

남자   그 얘기를 듣는데 마음이 참 뭉클하더라고요. 오히려 아이한테 많이 배웠죠. 그래서 의사가 되겠다고 했을 때도 그 마음이 참 기특하고 자랑스러웠어요. 그런 애가 어쩌다가 마르크스주의에 물들어가지고서는…. 백번 양보해서 그게 올바른 길이라고 하더라도, 맨 앞에 나서는 사람은 어쩔 수 없이 총알을 맞게 되어 있단 말이에요. 보세요. 독립운동가 후손은 지금도 어렵게 사는 사람이 많은데, 친일파 후손들은 아직까지도 정계와 재계를 주무르며 떵떵거리고 살잖습니까. 이게 현실이에요. 사람은 현실 감각이 있어야 해요. 이상론에 빠지면 자신뿐만 아니라 주변 사람까지 힘들어집니다.

작가 (한참을 침묵하다가 조용히 말을 꺼내며) 어쨌든 자제분이 정말 훌륭한 성품을 가지고 있네요.

남자 뭐, 우리 아이에 대해 좋게 얘기해 주시니 기분은 좋습니다만, 집이 홀랑 타서 잿더미가 되는 꿈을 꿨는데 돈벼락을 맞을 길몽이라고 축하받는 기분이네요. 꿈보다 해몽이라고…. 어휴.

흐뭇함 두 스푼에 난감함 한 스푼 반이 섞인 애처롭고 묘한 표정을 짓던 남자는 갑자기 눈을 크게 뜨더니 황급히 손목 위 롤렉스 시계의 바늘 위치를 확인한다. 이어서 구석에 놓아둔

기다란 상자에서 뭔가를 꺼내어 작가에게 내민다. 얼떨결에 받아 든 작가는 물건의 정체를 확인하고서는 견물생심 외에 다른 해석이 불가한 환한 표정을 짓는다. 그렇다. 작가는 그야말로 유물론자였던 것이었다.

작가   이거 진짜로 저에게 주시는 거예요?
남자   작가님이 귀한 시간 내주셨는데 성의를 보여야죠.
작가   제가 와인 좋아하는 걸 어떻게 아시고….
남자   아니, 와인 책도 쓰셨잖아요? 만나뵙기 전에 검색해 봤죠.
작가   아무리 그래도 그렇지. 샤토 코스 데스투르넬이라니….
남자   이게 유명한 와인인가요? 아는 와인 바 사장님이 추천해 주신 걸로 가져왔어요. 저는 잘 몰라서요.
작가   프랑스 보르도의 생테스테프 지역에서 생산되는 와인인데, 보르도 그랑크뤼 클라세 2등급일 정도로 품질을 인정받는 와인입니다. 마르크스의 친구이자 평생 동지였던 엥겔스가 마르크스에게 이 와인을 선물한 일도 있었어요.
남자   하하. 제가 제대로 가져온 모양이군요. 그런데 보르도

	그랑크뤼 클라세? 그게 뭐죠? 그리고 1등급이 아니라 2등급이라니, 급이 좀 떨어지는 거 아닌가요?
작가	1855년 프랑스 정부가 도입한 공식 와인 등급 제도예요. 보르도 그랑크뤼 클라세 1등급 와인은 딱 다섯 가지밖에 없어요.
남자	그러면 2등급도 꽤 높은 거군요. 어쩐지 가격이 좀 있다 했어요. 돈으로 드리면 혹여 실례일까 싶어 준비해 봤습니다. 그나저나 제가 중요한 미팅이 잡혀 있어서 곧 일어나야 할 것 같습니다.
작가	조언이 필요하시면 언제든지 편하게 연락하세요.
남자	감사합니다. 마지막으로 하나만 더 여쭤볼게요. 지금까지 설명하신 내용을 보면 마르크스는 소유권에 매우 부정적인 태도를 보여주는 것 같더군요. '이게 전부 소유권 때문이야.' 뭐 이런 느낌이 들 정도로요. 물론 어느 정도는 일리가 있다는 생각도 들긴 합니다만, 소유권 자체를 부정하는 건 너무 나갔다는 생각이 들어요. 예를 들어서 지금 작가님이 들고 계신 샤또… 그… 뭐더라…
작가	샤토 코스 데스투르넬.
남자	이름 참 번잡스럽네요. 아무튼 샤또 뭐시기도 제가 구

마르크스의 아버지는 독일의 유명 와인 산지인 모젤에 포도밭을 갖고 있었고 마르크스 자신도 일평생 와인 애호가였다. 그러나 와인에 대한 그의 관심은 기호에 그치지 않았다. 쾰른에서 『라인 신문』의 편집자로 일하던 시절 마르크스는 모젤 지역 포도밭 농민들의 가난과 세금 문제를 직접 취재하며 그들의 고통에 주목했다. 그는 와인 생산지의 현실을 통해 빈곤과 착취의 구조적 원인을 고민하게 되었고, 이는 자유주의 정치 비판을 넘어 경제 구조와 계급 문제로 관심을 확장하는 계기가 되었다. 이 경험은 마르크스가 사회주의 사상을 형성해 가는 데 중요한 발판이 되었다.

매해서 작가님께 드리지 않았습니까.

작가 그렇죠.

남자 그러면 이제 작가님이 소유권을 가지게 된 건데, 어떻게 이것을 부정할 수 있나요?

작가 마르크스에 대한 대표적인 오해 중 하나죠. 소유권 자체를 부정하는 사람 아니냐, 네 것도 내 것도 없다고 하면서 결국 개인의 자유로운 경제활동을 제약하고

"나는 내 몸과 내 삶, 내 노동의 주인이다." 자유민주주의의 이론적 토대를 구성했다고 평가받는 철학자 존 로크(1631~1704)가 주창한 자기소유론의 요지다. 그는 개인이 자기 자신을 소유하고 있기에 스스로의 노동을 사물에 투입함으로써 외부 세계의 재화를 정당하게 소유할 수 있다고 보았다. 이는 곧 사유재산의 철학적 근거가 되었다. 그러나 이 개념은 역설적으로 노예제를 합리화하는 데 동원되었다. 개인이 자신의 몸을 소유한다면, 자기 몸을 팔아 노예가 되는 것도 선택할 수 있다는 논리였다. 마르크스는 로크의 이러한 논리가 어떻게 자유의 탈을 쓰고 착취를 정당화하는 데 활용되는지 『자본론』과 『경제학·철학 수고』 등을 통해 비판했다.

열심히 노력해서 일군 재산을 빼앗아 가는 것 아니냐고 말이죠.

남자 마르크스가 그런 얘기를 한 거 아닙니까? 실제로 소유권을 부정하잖아요.

작가 마르크스의 소유권 비판은 예를 들어 사장님이 방금 주신 와인처럼 소소한 개인 재산 같은 것을 부정하는 게 아닙니다. 마르크스가 비판한 것은 바로 **생산수단**

	에 대한 사적 소유권이에요. 공장, 토지 등과 같은 생산수단을 소수의 자본가가 독점하면서 발생하는 불평등 구조를 지적한 거죠.
남자	그러면 이 와인에 대한 소유권을 부정한 건 아니라는 얘긴가요?
작가	그렇습니다. **마르크스가 부정한 것은 소유권 일반이 아니에요. 자본주의적 사적 소유권을 비판한 거죠.** 요컨대 생산수단을 사적으로 소유한 자본가가 노동자들을 착취해 부를 축적하고 그 이윤을 독점하는 구조를 비판했지, 개인이 사용하는 물건이나 집을 소유하는 것 자체를 문제 삼은 건 아닙니다. 우리가 노예제 사회를 비판할 때 노예 주인이 이런저런 귀중품을 소유하고 있다고 뭐라 하지는 않잖아요. 노예를 물건처럼 소유해 착취하는 '노예 소유권'을 비판하는 것이니까요.
남자	무슨 말인지 대충 알겠습니다. 그래서 마르크스는 도대체 뭘 어떻게 하자는 겁니까?
작가	마르크스는 자본주의적 사적 소유권으로 인한 착취와 빈부격차를 극복하기 위해서는 주요 기업이나 공장을 공동체의 소유로 전환한 후, 구성원의 민주적 의사결

정을 통해 공익적으로 운영하는 사회주의 시스템으로 전환해야 한다고 주장했습니다. 완전히 동일하다고 보기는 어렵지만 현대 국가의 공공 서비스나 복지를 떠올리면 일단 이해가 쉬울 것 같습니다.

남자 나중에 작가님이 당을 만들어서 집권에 성공하면 우리 회사를 국유화하는 거 아닙니까? 이거 무서워서 살겠어요? 크크.

작가 아이고 무슨 말씀이세요. 이론적으로 그렇다는 말이지요. 흐흐.

남자 (자리에서 일어나며) 아무튼 조언하신 대로 당분간 아이의 상황을 살펴보겠습니다.

자율 연구 노트 1.
당연한 것들의 뿌리

얼마 전 마르크스의 『자본론』 강의를 들은 후 계속 생각이 많다. 자본가가 벌어들이는 이윤이 노동자를 착취해서 나온다는 내용인데, 우리 아빠가 자본가다. 말이 잘 통하지 않아도 나를 소중하게 여겨주고 늘 내 말은 귀 기울여 들으려는 아빠. 착취라는 말로 아빠의 인생을 일축하는 것 같아 순간 화가 날 지경이었다. 우리 집이 경제적으로 부족함 없는 건 아빠의 노력과 수고 덕분이라고만 생각했는데…. 하지만 무시할 수가 없었다.

회사는 우리 아빠가 세웠고, 아빠 명의로 되어 있으니까 이윤을 가져가는 게 맞지 않나? 그런데 한 가지가 비어 있었다. 소유한다는 건 뭘까? 내가 세운 것이니 내 것이라고 말하기에는 세상에는 자기가 만든 것을 갖지 못하는 사람이 너무 많다. 생각이 자꾸만 꼬리를 물어 공부에 집중하기 힘들었다. 결국 선생님께 자율 연구 주제를 〈마르크스『자본론』의 현재적 의미에 대하여〉라고 바꾸겠다고 선언했다. 본격적으로 파보니 소유권을 주장하는 논리는 다양하다.

1. '노력해서 얻은 것'이니까 정당하다: 노동이론

가장 흔한 논리다. "내가 일해서 번 돈으로 산 거니까 내 거다." 혹은 "내가 직접 만든 거니까 내 거다." 존 로크도 그런 말을 했다. 사람이 자신의 노동을 섞은 것, 예를 들어 숲에서 나무를 베어 만든 집은 그 사람의 것이 된다는 논리다. 그런데 과연 순전하게 내 노동의 결과물이라고 할 만한 것이 존재할까? 인간의 노동은 늘 사회 속에서 이루어진다. 누구나 이전 세대가 만든 도구·지식·제도 안에서 일한다. 나무를 벤 도끼 하나에도 구석기 시대부터 현재까지 이르는 수많은 인간의 고뇌가 담겨 있다. 내가 그 도끼를 쓸 수 있는 지식과 능력은 도대체 어디서 온 걸까? 어디까지가 '내 노동'이고, 어디까지가 '공동의 자산'인가? 특히 자본주의에서는 거의 모든 생산이 협업을 통해 이뤄지기 때문에, 특정 개인이 자신의 노동만으로 무언가를 소유했다고 주장하기가 더 어려워진다. 예를 들어 일론 머스크가 정말 혼자의 힘으로 테슬라라는 회사를 만들었다고 생각하긴 어렵지 않나.

2. '먼저' 차지했으니까 내 거다: 선점론

이건 조금 더 원시적인 논리다. "내가 이 땅에 먼저 집을 지었으니, 이 땅은 내 거다." 영국의 법학자 윌리엄 블랙스톤의 주장이라고 한다. 하지만 이런 생각에는 치명적인 결함이 있다. 누가 먼저 차지했는가에 따라 소유권이 결정된다면, 나중에 태어난 사람은 애초에 가질 수 있는 기회조차 없다. 대표적인 예가 부동산이다. 우리는 이미 누군가가 소유하고 있는 땅 위에서 태어난다. 그래서 우리가 할 수 있는 일은 임대하거나 비싼 돈을 주고 사는 것뿐이다. 그렇다면 의문이 생긴다. 최초의 사람은 대체 어떤 권리로 그게 자기 것이라고 주장했을까?

선점이 정당화되려면, 적어도 '누구에게나 평등한 기회'가 주어졌어야 한다. 그런데 현실은 그렇지 않다. 모두가 동등한 위치에서 시작한 것도 아니고, 뒤늦게 태어난 사람들은 경쟁조차 해보지 못한 채 기회 밖으로 밀려난다. 정말 먼저 왔다는 것만으로 소유권을 주장할 수 있을까? 재벌이나 다른 기득권의 세습을 향한 비난도 결국 이런 논리에 기대고 있다. 애초에 공정한 기회가 없었다면 그 소유는 정당하다고 할 수 있을까? 그런데 그게 잘못된 거라면 나도 미성년을 벗어난 뒤에는 부모님께 지원을 받으면 안 되는 걸까? 갑자기 고민이 깊어진다.

3. '법'이 인정했으니까 내 거다
: 법실증주의적 정당화

현대 사회에서 소유권을 보장하는 가장 강력한 장치는 '법'이다. 부동산 등기부등본, 특허권, 저작권, 주식 지분 증서까지 모두 법이 없었다면 종이 쪼가리에 불과하다. 우리는 어떤 것이 '누구의 것'인지 법적으로 명확하게 기록하고 보증한다. 그래서 사람들은 이렇게 말한다. "이건 내 이름으로 등록된 거니까 내 거다. 법이 인정했으니까." 즉, 정해진 절차에 따라 만들어졌으면 법으로서 효력을 가진다는 주장이다. 하지만 여기에는 놓치기 쉬운 맹점이 있다. 그렇게 제정된 법이 항상 정당했을까? 법이 존재한다는 사실만으로 그 법이 '공정하다'라는 보증이 되지는 않는다. 역사를 돌이켜 보면 불의한 체제도 그 불의함을 지키기 위해 법을 만들었다. 한때는 노예제도도 법으로 정당화됐고, 여성에게 투표권이 없던 것도 합법이었다. 결국 법이 어떤 가치를 기준으로 만들어졌느냐에 따라 그 정당성은 달라질 수밖에 없다. 결국 "법이 인정했으니까 내 거다"라는 말은, 소유권에 대한 비판적 사고를 가로막는 가장 손쉽고 강력한 방식일지도 모른다.

4. 소유권이 있어야 '경제'가 돌아간다
: 공리주의적 정당화

"소유권이 있어야 사람들이 열심히 일하고, 투자하고, 경제가 발전한다."

처음 배웠을 때는 솔깃했던 공리주의. 공리주의를 주창한 제러미 벤담은 소유권이 사회 전체의 행복 총량을 늘리는 데 도움이 된다고 봤다. 사람들이 자신의 재산을 지킬 수 있어야 안심하고 노력할 수 있고, 그 결과 더 많은 생산과 소비가 일어나 모두에게 이익이 돌아간다는 얘기일 테다. 꽤 그럴듯하다. 하지만 조금만 생각해 보면 빈틈이 보인다. 공리주의는 전체 행복의 총합을 따진다. 하지만 그 행복이 누구에게 집중되는지 누구는 손해를 보는지는 중요하게 여기지 않는다. 열 명이 사는 마을에서 한 명이 매년 100억 원의 이익을 얻고 나머지 아홉 명은 100만 원씩 손해를 본다면, 이럴 때도 총합이 증가한다는 이유만으로 괜찮다고 말할 수 있을까? 다시 말해 경제가 발전하기만 하면 빈부격차는 아무 상관이 없다는 말인가? 이런 문제의식에서 정치철학자 존 롤스는 공리주의가 소수의 권리나 고통을 '행복 총량'이라는 이름으로 희생시킬 수 있기에 정의롭지 않다고 비판했다.

소유권을 정당화하는 논리는 많다. 그리고 그 논리들은 하나같이 그럴싸하다. 하지만 속을 들여다보면, 결국 누군가의 이익을 전제로 한다는 걸 알게 된다. 한 가지는 확실히 알겠다. 당연하다고 강요되는 것들은 조금만 뜯어보면 꼭 그렇지도 않다.

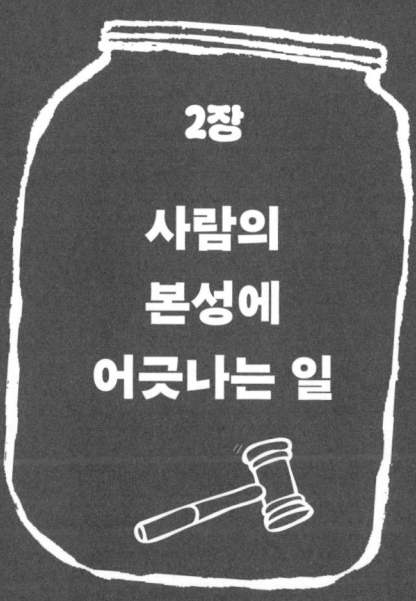

2장

사람의
본성에
어긋나는 일

인간의 의식이 그들의 존재를 규정하는 것이 아니라,
그들의 사회적 존재가 그들의 의식을 규정한다.

카를 마르크스,『정치경제학 비판을 위하여』

보름쯤 지나 남자는 다시 왔다. 작가는 남자 손에 기다란 상자가 아니라 책 두 권이 들려 있는 사실에 실망할 필요는 없다고 끊임없이 되뇌지만, 뼛속까지 유물론자인지라 마인드컨트롤에 어려움을 겪고 있다. 이런 정황을 아는지 모르는지 남자는 증기기관차처럼 한껏 달아오른 얼굴로 책을 마구 휘저으며 옆집에서 민원을 넣을 법한 데시벨로 공기압을 뿜어낸다.

남자 이 책들이 우리 애 책상에 덩그러니 놓여 있더란 말입니다! 저자가 누군지 알아요? 무려 '블라디미르 일리치 레닌'이에요, 레닌!

작가 ….

| 남자 | 책 제목이 아주 지대루예요. 『국가와 혁명』? 『유물론과 경험비판론』? 아주 그냥 국번 없이 111이 떠오릅니다. 작가님 얘기대로 가만히 지켜만 보았더니 바이러스가 아주 창궐하고 있습니다욧! 이러다가 회복 불가능한 지경까지 가는 것 아닌가요?

작가 (챗지피티 앱에서 음성 대화 기능을 구동하며) 지금 고등학생 자식을 둔 한 아버지가 있어. 그 아이가 마침 레닌이 쓴 『국가와 혁명』, 『유물론과 경험비판론』을 읽고 있는데, 아버지가 책이 불온하다며 걱정이 많으시네요. 걱정하지 않으시도록 조언해 줄 수 있을까?

챗지피티 아버님, 걱정하실 필요 없으세요. 레닌의 『국가와 혁명』과 『유물론과 경험비판론』은 역사적·학문적으로 중요한 책들입니다. 『국가와 혁명』은 1917년 러시아 혁명 직전 국가와 사회 변화에 대한 깊은 통찰을 담고 있고, 『유물론과 경험비판론』은 철학적 논쟁을 다루며 아이가 비판적 사고력을 키우는 데 도움을 줄 거예요. 단순한 정치 서적이 아니라 세상을 더 넓고 깊게 볼 수 있는 기회를 제공하는 책들이니 너무 걱정하지 않으셔도 됩니다.

남자 아니! 지금 나랑 장난하자는 겁니까? 여기서 갑자기 챗지피티가 왜 나옵니까?

작가 일단 흥분을 가라앉히시고 조금만 더 챗지피티 얘기를 들어보시겠어요?

남자 허, 이거 참 나….

작가 (챗지피티에게) 네가 대학교의 입학사정관이라면 레닌의 『국가와 혁명』, 『유물론과 경험비판론』을 읽은 고등학생, 읽지 않은 고등학생 중에 누가 더 인상적일 것 같아?

챗지피티 만약 제가 대학교 입학사정관이라면, 레닌의 『국가와 혁명』과 『유물론과 경험비판론』을 읽은 고등학생이 더 인상적일 수 있을 것 같아요. 그 이유는 이 책들이 단순한 읽기 자료가 아니라, 철학·역사·정치·경제 등의 복잡한 주제를 다루고 있어 고등학생이 이를 선택하고 이해하려는 노력이 매우 돋보이기 때문입니다. 이 책들을 읽은 학생은 단순한 학업적 성취를 넘어, 사회적 문제나 철학적 논쟁에 대한 관심을 가지고 있음을 보여줍니다. 또한 이런 고전들을 읽으면서 비판적 사고 능력이나 분석력을 키우려고 하는 모습이 입학사정관에게는 깊은 인상을 줄 수 있습니다. 이런 학생은 자기주도적으로 지식을 탐구하고 넓은 시야를

블라디미르 일리치 레닌(1870~1924)은 러시아 혁명의 지도자이자 소비에트 연방의 초대 지도자였다. 소년 시절 형이 처형당하며 체제에 대한 의문을 품었던 그는 20대에 마르크스에 깊이 빠져들어 현실에서도 노동 해방을 실현하고자 적극적인 선전 활동에 나선다. 결국 1917년 볼셰비키 혁명을 통해 차르 전제군주제를 전복하고 세계 최초의 공산주의 국가 수립을 주도했다.

가진 인재로 평가될 가능성이 높아요.

남자 음…. 이거 챗지피티 말을 믿어도 되나요? 정말로 입학사정관이 긍정적으로 보려나?

작가 입학사정관들은 학업 성취뿐 아니라 학생의 깊이 있는 사고력과 다양한 관심사를 높이 평가하거든요. 사회적 문제나 철학적 논쟁에 관심을 가지는 학생은 특출한 인재로 보일 수 있습니다.

남자 안 그래도 의대는 워낙 똑똑한 애들끼리 경쟁이 붙다 보니 하나라도 좀 더 두드러지는 면모를 보여줘야 하거든요. 레닌 책을 읽은 의대 지망생이라…. 확실히 눈에 띄기는 하겠네요.

작가 생기부에 레닌 책에 관한 언급이 있으면 면접관이 흥미를 보여 콕 집어서 질문할 가능성이 높죠. 멋진 대답을 준비해 놓는다면 분명 가산점을 받을 수 있을 겁니다.

남자 흠…. 제법 그럴싸한 전략인 것 같네요. 하지만 문제는 우리 아이가 여전히 사회학과에 관심을 보인다는 점입니다. 이 불안 요소를 확실히 뿌리 뽑아야 안심할 수 있어요.

작가 ….

남자 아무튼 지난번에 해주신 얘기들은 불편했지만 한편으로 자꾸만 떠올랐어요. 유튜브에서 작가님 이름으로 검색하니 마침 『자본론』 강의 영상이 있더라고요. (일부러 헛기침하며) 그것도 일부러 찾아서 봤지요.

작가 정말이요? 의외입니다.

남자 우리 아이 문제가 아니었다면 절대 찾아서 볼 일이 없었겠지만요.

작가 그래도 일부러 시간을 내서 보셨다니 고맙습니다.

남자 우리 애가 왜 빠져들었는지 알겠더라고요. 딸아이가

"인간은 다들 돈밖에 모른다고 가정했죠, 정말 그렇게 됐더라고요."

	수학을 좋아하거든요. 차근차근 단계를 밟으며 어렵지 않은 숫자 계산으로 자본주의 착취 구조가 증명되니 좀 충격적이고 신기하더군요. 왜 마르크스가 사회주의나 공산주의를 주장했는지는 이해할 수 있었습니다.
작가	오! 듣던 중 반가운 소리네요!
남자	기뻐하시기는 일러요. 마르크스가 착취 없고 평등한 세상을 꿈꾼 건 좋다 이거에요. 하지만 크게 간과한 부분이 있어요.

작가 그래요?

남자 아시다시피 인간은 본성적으로 이기적이란 말입니다. 자기 이익을 먼저 생각하고, 경쟁에서 이겨 살아남으려는 본능이 있다 이거예요. 그런데 마르크스주의는 참으로 순진하게도 그 본성을 거스르고 모두가 평등한 사회를 만들겠다고 하잖아요. 아무리 좋은 취지로 시작했더라도, 마르크스주의에는 인간 본성에 대한 통찰이 부족해요. 아마도 평등한 세상을 만들겠다는 목적을 너무 우선시하다 보니 인간이 이기적이라는 가장 단순한 사실조차 망각하는 지경에 다다른 거죠. 한번 생각해 보세요. 나는 엄청 열심히 일했단 말입니다. 그런데 저기 게으름 피운 사람하고 비슷하게 임금을 받아요. 당연히 이런 생각이 들 거예요. '내가 뭣 때문에 열심히 일했을까. 나도 그냥 슬렁슬렁 일해야겠다.' 경쟁이 실종되니 사람들은 나태해지고 경제 발전이 정체되죠. 이렇게 기초적인 사실을 간과하니 사회주의가 제대로 굴러갈 리가 없지요.

그 가정은 잘못됐습니다

인간의 본성이라는 난공불락의 철옹성에 기댄 남자의 어깨는 탈구가 우려될 정도로 으쓱대고 있었다. 압도적 권위를 뒷배경으로 둔 사람에게서나 발견될 법한, 한껏 치솟은 입꼬리 또한 기세등등하다. 대 핀치! 코너에 몰린 작가는 패배를 인정하는 건지 체념하는 건지 모를 무표정한 얼굴로 천천히 고개를 끄덕인다.

작가   참으로 전형적이에요. 식상할 정도로 말이죠.
남자   (미간을 찌푸리며) 무슨 얘기죠?
작가   제가 지금까지 마르크스주의자로, 사회주의자로 오래 살아왔잖아요.
남자   그렇죠.
작가   지금 제기하신 반박을 골백번이 넘게 듣지 않았겠어요?
남자   뭐, 그렇겠지요.
작가   가끔은 그런 생각이 들더라고요.
남자   어떤 생각인가요?
작가   그냥 스마트폰에다가 답변을 녹음해서 이 반박을 접

	할 때마다 재생하고 싶다고 말이죠.
남자	(천천히 팔짱을 끼며) 좋아요. 어디 그 답변이라는 것 좀 들어봅시다.
작가	일단 사회주의가 인간의 이기심과 경쟁을 배제한다는 말부터가 사실이 아닙니다.
남자	뭐요?
작가	오래전 남과 북의 교류가 활발했던 시기에 한 기자가 취재차 북한의 학교를 방문했습니다. 그런데 교실에서 1등부터 꼴등까지 이름과 점수를 공개한 게시물을 발견하고는 무척 놀랐다고 하더군요. 평등을 중요한 가치로 내세우는 사회주의 국가에서 대한민국의 학교보다 더욱 노골적인 방식으로 등수를 공개했으니까요. 사회주의를 표방하고 있는 북한에서도 소위 명문대라는 김일성대학에 진학하려면 뜨거운 경쟁을 피할 수 없습니다. 김일성대학에서 공부하고 능력을 인정받으면 그에 걸맞은 중요한 직책을 맡을 수 있고 사회적 지위도 얻으니 말이에요. 아무래도 입학 정원이 정해져 있다 보니 동료보다 공부를 잘해야 합니다.
남자	흠, 의대 가려고 빡세게 공부하는 거랑 비슷하네요.
작가	그렇지요. 사회주의에서도 성과급제를 시행해서 경쟁

의식과 근로 의욕을 북돋습니다. 솔직히 농땡이 치는 사람과 열심히 일하는 사람이 똑같은 보상을 받는다면 그 누가 열심히 일하겠어요. 사회주의 국가에서 목표를 초과 달성하는 개인이나 팀에게 상을 주고 물질적 혜택을 추가로 부여하는 건 매우 흔한 일이에요.

남자 하긴….

작가 학교에서도 성적을 놓고서 경쟁하고, 직장에서도 더 높은 성과를 달성하기 위해 경쟁하는데 사회주의가 어떻게 인간의 이기심과 경쟁심을 마냥 무시한다고 할 수 있을까요.

남자 음, 그건 그렇군요. 의외의 면이 있네요.

작가 다만 이러한 이기심과 경쟁심이 자본주의처럼 극단적인 소득 격차로 이어지지는 않습니다. 아무래도 사회주의의 궁극적 목적은 사회 구성원의 기본적인 생활을 보장하고 모두가 고루 잘사는 평등한 사회를 구현하는 것이잖아요? 게다가 기업 대부분이 공기업 형태를 띠다 보니 성과급을 주더라도 자본주의와 비교해서 차이가 적은 편이죠. 아무튼 자신을 무엇보다 소중하게 여기고 위하는 마음이 '이기심'이고 남보다 더욱 두각을 드러내고 싶은 마음이 '경쟁심'이라면, 이기심과 경쟁심이 없는 사람이 과연 있을까요? 적정 수준의 이기심이나 경쟁심은 자연스러운 것이며 여러 면에서 긍정적인 요소로 작용할 수 있습니다. 그러니 사회주의라고 해서 그런 감정을 도외시할 리가 없지요.

남자 그렇겠지요. 이기심과 경쟁심이야말로 인간의 본성이니까요.

작가 글쎄요. 제가 두 번째로 말씀드리고 싶은 부분은, **인간이 이기심 덩어리라는 가정 자체가 잘못됐다는 점입니다.**

남자 네? 좀 전까지 이기심과 경쟁이 자연스러운 거라고 하지 않았나요? 앞뒤가 안 맞는 얘기를 하시네요.

작가 사실 인간이 이타적임을 증명할 수 있는 증거는 인간이 이기적임을 증명할 수 있는 증거만큼이나 산더미처럼 쌓여 있습니다. 예를 들어서, 길을 가다가 혼자서 울고 있는 아이를 발견했어요. 아이가 엄마를 부르짖으며 너무나 애처롭게 울고 있는 거예요. 어떻게 하시겠습니까?

남자 일단 아이한테 다가가서 무슨 일인지 물어봐야죠. 내가 당장 도와줄 수 없는 상황이라면 경찰서에라도 연락을 취할 겁니다.

작가   그러면 사장님의 그런 행동은 이기적인 건가요?

남자   그런 선행도 결국 좋은 사람이라는 평판을 얻어서 자신에게 이득이 되는 상황을 만들려는 이기심의 발로로 볼 수 있지 않을까요? 사람이란 어차피 다 속물이니까요.

작가   그렇다면 사장님은 주변에 사람이 있거나 CCTV가 있을 때만 아이를 도와주나요?

남자   아니죠.

작가   인간 말종이 아니라면 대부분 주변의 시선이나 CCTV 존재 여부와 관계없이 아이를 도와줄 겁니다.

남자   뭐, 동의합니다.

작가   자식에게 무조건적으로 헌신하는 부모. 조국과 민족의 독립을 위해서 목숨까지도 아낌없이 바친 독립운동가. 어떤 이들은 생판 모르는 남을 구하기 위해서 위험을 무릅쓰죠. 말씀드렸다시피 **인간이 이타적임을 증명할 수 있는 증거는 이기적임을 증명할 수 있는 증거만큼이나 많습니다.** 인간이 이렇게 높은 수준의 이타심을 발휘할 수 있는 기저에는 공감 능력이 존재합니다. 인간은 공감을 통해 타인이 기쁘거나 괴로워하거나 아파할 때 그 감정을 공유할 수 있어요. SNS에 올라온 안타까운 사연에 달린 댓글을 보면 인간의 공감 능력이 얼마나 놀라운지 확인할 수 있어요. 익명 댓글이라 자신의 이타성을 뽐낼 이유가 없음에도, 사연을 올린 이에게 작은 도움이라도 되고자 그렇게나 많은 사람이 시간을 할애해 조언을 남기니까요.

남자 하지만 정말 눈 뜨고 보기 힘든 악플도 많잖아요?

작가 그렇죠. 인간의 복잡한 이중성을 보여주는 한 예죠. 공감과 이타심이 있는 반면 때로는 이기적이고 공격적인 면도 드러나니까요. 하지만 중요한 건, 그 이기적이거나 부정적인 행동이 인간 본성을 대표한다고 할 수는 없다는 점입니다. 결국 공감과 이타심도 인간 심리의 한 부분이라는 사실을 무시할 수는 없죠. 인간의 본성이란 건 칼로 무 베듯이 단순하게 다룰 수는 없는 복잡하고 다층적인 성격을 갖고 있다고 봅니다. 참고로, 저는 갓난아이를 보살피다가 인간에 대한 통찰을 많이 얻었어요. 그 얘기를 좀 들려드리는 게 좋겠군요.

이타성이라는 본성

남자 갓난아이요? 작가라 집에서 일하시니 육아를 많이 하셨나 보군요?

작가 아무래도 직업이 직업이다 보니 집에 있는 시간이 많거든요. 가사 노동과 육아 노동을 분담해서 합니다. 물론 아내의 고생에 비하면 새 발의 피 수준이지만요. 하루는 첫째를 임신한 아내가 육아서적을 읽다 저에게 질문하더라고요. "신생아들은 똥을 싸면 부모가 치워주잖아. 그런데 신생아는 부모가 치우는 것을 빤히 보고 느끼면서도 자기가 치웠다고 생각한다네? 왜 그렇지?"

남자 왜 그런가요? 물론 우리 애는 워낙 똑똑해서 신생아일 때도 알아챘을 것 같지만요. 후후.

작가 육아서적에는 신생아가 그렇게 생각하는 이유는 제대로 나와 있지 않았어요. 그래서 한번 갓난아이의 관점에서 상황을 해석해 봤습니다. 아이의 입장이 되면 이유를 알아낼 수도 있을 것 같았거든요.

남자 뭔가 알아냈나요?

작가 자! 신생아가 엄마 뱃속에서 나와 어느 정도 시간이 흐르고 눈이 보이게 된 상황이에요. 주변 사람의 모습이 눈에 들어왔다고 합시다. 과연 아기는 사람을 보고 '사람'이라고 해석을 할 수 있을까요?

남자 당연히 사람을 보면 사람이라고 생각하겠죠. 너무 이상한 질문 아닌가요?

작가 과연 그럴까요? 한번 철저하게 갓난쟁이가 되어서 생각해 보세요.

남자 흠…. 그러니까… 내가 엄마 뱃속에 있다가… 세상에 나와서… 이제 막 처음으로 뭔가를 보게 된다면…. 아! '사람'이라고 판단할 수가 없겠네요.

작가 후후. 그렇죠?

남자 아무래도 모든 것이 처음일 테니 사람의 형태를 접해도 그게 사람인 줄은 모르겠군요.

작가 그렇죠. 성인들은 자연스럽게 특정한 색깔과 형태의 조합을 보면 '사람'이라고 의미를 부여하는데요. 이건 타고나는 게 아닙니다. 갓난쟁이에게는 눈에 들어오는 모든 것이 그저 색깔과 형태의 무의미한 조합일 뿐이에요. 특정 색깔과 형태의 조합에 개, 고양이, 사람, 아파트라고 의미를 부여할 만큼 충분한 정보를 접한 적이 없거든요. 우리가 노이즈 화면에서 아무런 의미를 찾아낼 수 없듯이, 신생아는 자기 앞에 있는 특정한 색깔과 형태의 조합을 사람이라고 해석할 수 없습니다. 처음 보니까요.

남자 이거 재밌는걸요? 이런 생각은 전혀 못 해봤어요.

작가 신생아가 손을 움직이지 못하도록 속싸개로 꽁꽁 싼 모습을 본 적 있지요?

남자 있죠.

작가 왜 그렇게 싸놓는지 이유를 알고 계시는가요?

남자 그렇게 안 하면 손으로 자기 얼굴에 상처를 낼 수도 있다고 하던데요. 왜 자기 얼굴에 상처를 낼까? 아플 텐데, 그냥 안 하면 되는데.

작가 신생아는 눈에 보이는 손가락 다섯 개가 달린 긴 물체가 자기 팔인지도 모르는 겁니다. 이것도 처음 보니까요. 자신의 의지로 팔을 통제할 수 있다는 사실도 모르는 상황이에요. 그렇다 보니 팔은 무의식적으로, 반사적으로 움직여질 뿐입니다. 팔이 자기 얼굴로 다가와도 멀어지게 하는 방법을 모르는 거죠.

남자 (굳이 팔을 움직이며) 이렇게 하면 금세 멀어지는데 말이에요. 거참.

작가 그런데 생후 2~3개월 정도 지나면 아기가 꼭 쥔 주먹

	을 자기 얼굴 앞에 놓고 조금씩 움직이며 노는 모습을 볼 수 있거든요.
남자	맞아요. 우리 애도 그랬어요. 요롷게 하면서 배시시 웃더라고요.
작가	눈에 보이는 손을 자신이 통제할 수 있다는 걸 그제야 어렴풋이 깨닫고, 게임 캐릭터를 조종하듯 주먹을 움직이며 즐거워하는 거예요.
남자	작가님은 정말 육아를 빡세게 하셨나 보군요. 우째 이런 걸 다 아시고.
작가	집에서 자주 일하다 보니 아이 행동을 관찰할 기회가 많기도 하고, 제가 호기심이 많은 성격이기도 합니다.
남자	그나저나 왜 똥을 자기가 치웠다고 생각하는 건가요? 아직 거기에 대한 해답은 얻지 못한 것 같아서요.
작가	아기의 그 심리를 이해하기 위해 또 하나 알아야 할 것이 있어요. 앞에 탁자가 있지요. 손을 뻗어 탁자를 만지면 촉감이 느껴집니다. 한번 해보시겠어요?
남자	(탁자를 만지며) 당연히 느껴지죠.
작가	우리는 손에 느껴지는 촉감이 탁자에서 온다고 자연스럽게 판단합니다. 손으로 느끼는 촉감과 눈으로 보고 있는 탁자의 이미지는 도저히 떼려야 뗄 수 없는

동일체로 느껴지지요. 하지만 사실 촉각과 시각은 별개의 감각이에요. 인간이 눈이 없다고 가정해 보죠. 과연 손으로 느끼는 촉감을 시각이미지와 연결할 수 있을까요? 눈에 보이는 게 없다 보니 촉감은 그저 촉감일 뿐, 탁자의 시각이미지와 연결될 수 없습니다. 그렇다면 손에서 느껴지는 딱딱한 촉감과 눈에 들어오는 탁자라는 시각이미지를 뗄 수 없는 동일체로 느끼게 만드는 것은 과연 무엇일까요? 바로 두뇌입니다. 지속적인 경험을 통해 특정 위치에 보이는 시각이미지와 손에서 느끼는 촉감이 긴밀하게 연관되어 있다고 판단하는 것입니다.

남자 듣고 보니 기억나는 실험이 있어요. TV에서 봤는데, 사람들 앞에 고무로 만든 모형 손을 놓고 그걸 마치 그들의 손처럼 착각하게 만든 다음에 망치로 그 모형 손을 때리는 실험이었어요. 진짜 손이 아니란 걸 알면서도 사람들 모두 깜짝 놀라서 피하더군요.

작가 그 실험 유명하죠. '고무손 착각' 실험입니다. 인간의 뇌가 시각적·촉각적 자극을 통합해서 인지하는 방식이 얼마나 유연한지 보여주는 실험이에요. 그 고무손이 자기 손이 아니라는 걸 인지하고 있음에도, 뇌는 반사적으로 망치를 피하려고 반응하는 거죠.

남자 (고개를 갸우뚱하며) 그래서 도대체 똥은?

작가 후후. 이 정도면 왜 갓난쟁이가 똥을 자기가 치웠다고 판단하는지 이해할 수 있습니다. 자! 아기가 똥을 쌌습니다. 뭔가 불편한 느낌이 들어서 본능적으로 울어요. 아기가 우니 부모는 무슨 일인지 궁금해 다가갑니다. 하지만 아기는 '부모'나 '사람'이라는 개념이 없죠. 부모가 다가오는 장면은 신생아에게는 화면에 특정한 색깔과 형태가 나타나는 현상일 뿐입니다. 색깔과 형태의 의미를 해석할 수 없으니까요. 부모는 신생아의 기저귀를 갈기 위해 바쁘게 손을 움직이며 물티슈로 정성스레 엉덩이를 닦겠지요. 신생아는 부모의 손놀림을 눈으로 보고 있지만, 손의 움직임과 엉덩이에 느껴지는 촉감이 서로 연관되어 있음을 모릅니다. 아직 경험이 충분히 축적되지 않았으니까요. 그저 눈앞에서 뭔가 색깔이 요란하게 움직이는데 동시에 엉덩이에서 촉감이 느껴지더니 별안간 똥이 사라지는 것이죠. 아기는 자신이 우는 행위로 인해 색깔 변화 및 엉덩이 촉감이 발생한 후 똥이 없어졌다고 판단합니다. 마치 게임에서 마법사가 특정 주문을 외우니 마법이

아동심리학자 장 피아제(1896~1980)는 영아기 아이가 자신과 외부 세계를 구분하지 못하며, 보이지 않는 것은 곧 사라졌다고 인식한다고 보았다. 그러나 만 1세 전후가 되면 아이는 눈앞에 보이지 않아도 대상이 존재한다는 사실을 이해하기 시작하며, 동시에 자아의식이 싹트기 시작한다고 분석했다.

발동하는 것처럼 말이죠.

남자 그래요! 알겠네요! 이제 속 시원하게 이해가 됩니다만, 도대체 아기가 똥 싼 거랑 인간의 본성이 무슨 연관이 있나요? 뭐 이야기는 흥미롭습니다만 왠지 배가 산으로 가고 있다는 느낌이 들어서요.

작가 재밌다니 다행입니다. 나중에 가서는 이 모든 내용이 결국 이기심·이타심과 연결이 되니 조금만 기다려주세요. 아무튼 갓난쟁이는 이런 방식으로 세상을 바라보기 때문에 자신과 외부 사물의 경계가 모호합니다. 그 때문에 똥이 치워진 것도 자기 능력이라고 판단합니다. 어쩌면 '자신'이라는 개념조차 없을 수도 있죠. 그런데 아이가 똥 싸고 울 때마다 부모가 즉각 나타나지는 않지요. 부모가 외출했을 때는 똥을 쌌다고 아무리 울어도 화면에 특정 색깔 패턴, 그러니까 부모가 나타나지 않습니다. 이런 실패의 경험이 축적되면 특정 색깔 패턴은 자신의 의지대로 조종할 수 없는 '외부' 존재라는 사실을 시나브로 깨닫기 시작합니다. 주체와 객체의 거리감이 형성되는 것이죠. 이 거리감 속에서 '자아 정체성'이 형성됩니다.

남자 아! 나와 남의 구분이 없는 원초적 상태였다가 그러한 체험이 누적되면서 자아가 생긴다는 얘기군요. 제 말이 맞죠?

작가 맞습니다. '나'라고 하는 자아감은 이렇게 타자와의 관계 속에서 형성됩니다. **타자가 존재하지 않으면 나 또한 존재할 수 없는 거죠.** '네'가 없으면 '나'라는 의식도 생성될 수 없다는 얘기입니다. 우리는 한 살 때의 기억이 없죠? 눈에 보이는 색깔과 형태에 의미를 부여할 수 없는데 어떻게 기억할 수 있겠어요. 그런데 대체로 네 살 때 일부터는 조금씩 기억이 납니다. 그제야 우리 두뇌가 '기억'이라고 부를 만한 정신활동을 할 준비가 되는 거죠. 그러니 갓난쟁이는 아예 '이기심'이라는 개념 자체가 없습니다. 너와 나의 구분조차 못하는 상태인데 이기심이라는 고차원적 생각이 존재할 리가 없죠. 인간이 본성적으로 이기적이라는 말은 인간의 심리 형성 과정에 대한 이해가 부족한 견해일 뿐입니다.

남자 흠….

작가 아시다시피 인간의 두뇌는 신경세포인 뉴런의 연결 구조, 즉 뉴럴 네트워크를 통해 사고합니다. 성인의 두뇌에 존재하는 뉴런의 연결 구조를 우리나라의 전체 도로망이라고 치면, 신생아의 뉴런 연결 구조는 고속도로만 깔린 수준으로 단순하다고 합니다. 대부분의 뉴런 연결 구조는 환경과의 상호작용을 통해 **후천적으로** 형성됩니다.

남자 음, 그러니까 이기심은 본성이라기보다는 뭔가 후천적으로 형성되는 특성이라는 얘기를 하시려는 것 같네요? 그런 거죠? 이렇게 얘기하시니 저도 어느 정도 납득이 되는 부분이 있긴 합니다. 갓난쟁이의 상태가 그러하다면 향후 어떤 환경에 노출되는지가 아주 중요한 변수겠군요.

작가   물론 유전적 요인도 중요합니다. 같은 환경에 노출되더라도 사람마다 유전자가 다르니 반응 강도나 방향성에 있어서 차이가 날 수 있으니까요. 결국 유전적 요인과 환경적 요인이 상호작용하면서 인간의 심리가 형성될 텐데요. 이러한 방식으로 인간의 심리를 이해하기 위해서는 **생존**과 **번식**에서 출발할 필요가 있다고 봅니다.

남자   생존과 번식이요? 그거야말로 인간이 이기적이어야 하는 이유를 설명하지 않나요?

작가   꼭 그렇지만은 않아요. 조금 더 들어보시죠. 아시다시피 생명체의 지상 과제는 생존과 번식입니다. 고등생물인 인간에게도 식욕과 성욕은 억누르기 힘들 정도로 강하지요. 식욕은 생존과, 성욕은 번식과 연결되기 때문입니다. 어떤 생명체가 유전적으로 식욕과 성욕이 없다면 생존과 번식의 확률이 크게 떨어져 결국 멸종하지 않겠어요? 그러니 강한 식욕과 성욕은 생명체 진화 과정의 심리적 부산물입니다.

남자   그러니까요. 그 강한 식욕이랑 성욕을 채우려면 이기적일 수밖에 없잖아요. 남들 입에 들어갈 음식 내 입에 들어가야 하고, 친구가 좋아하는 여자라도 내가 사귀어야 하고, 남의 자식 오들오들 떨더라도 일단 내 새끼 따뜻하게 입혀야 하고 뭐 그런 거 아니겠어요? 그런 게 생명체의 본능이죠.

작가 인간에게 그런 면도 있죠. 그런데 기억하셔야 할 것은 인간은 아주 옛날부터 혼자 살아가는 동물이 아니었다는 점입니다. **인간이라는 종은 지구에 등장한 이래 내내 무리를 이루며 살아왔습니다. 무리 안에서 서로 의존해야 개체의 생존과 번식 확률이 높아지기 때문이에요.** 고립되어 혼자 살아야 한다면 생존하거나 자식을 남기기 어려웠을 겁니다. 수렵채집 활동으로 먹을거리를 마련하고, 아이들을 돌보며, 맹수나 다른 무리와의 전투에서 이기기 위해서는 무리를 이루고 구성원이 협력해야 합니다. 구성원이 이기적으로 행동하고 서로 돕지 않으면 그 무리는 얼마 못 갈 거예요. 인류는 지구에 등장한 이후 대부분 수렵채집 활동을 하며 소규모 공동체로 시간을 보냈습니다. 이 기나긴 진화의 여정에서 협력에 도움이 되는 이타심이라는 형질이 선택된 거죠.

"인간의 문화란 초기 인류의 협력의 확대된 형태다."
독일 막스플랑크 진화인류학연구소 공동소장이자 세계적인 영장류 학자 마이클 토마셀로는 인간 고유의 인지와 사회성의 기원을 호혜성과 협력에서 찾는다. 그는 유인원들과의 비교 실험을 통해 인간 아기는 생후 1년이 되기 전에 다른 인간을 돕는 성향을 보여준다는 점을 강조하며 인간은 본성적으로 협력하는 존재라고 주장해 왔다.

'문제'는 원래 함께 푸는 것이다

남자 흠, 얘기를 듣다 보니 제가 이기심만이 인간의 본성이라고 한 건 섣부른 판단이었을지도 모르겠네요…. 하지만 이기심이 본성이든 아니든 지금 살아가는 사회의 방향이 경쟁적이고 이기적이어야 살아남을 수 있다면 거기 맞춰 살아야 하는 것 아닌가요?

작가 '지금 살아가는 사회'라고 하셨죠. 말씀에 제가 하려는 이야기의 핵심이 담겨 있어요. 제가 오래전 어떤 책에서 접한 사례인데요. 서구 인류학자가 아메리카 원주민을 대상으로 지능 테스트를 했습니다. 부족원에게 각각 테스트 용지를 나눠주며 혼자서 문제를 풀어야 한다고 말해주었어요. 아마도 그 부족의 평균 지능이 알고 싶었을 테죠. 그런데 부족원들은 함께 모여 토론하며 문제를 풀었다고 해요. 인류학자가 그들에게 다가가 문제는 각자 따로 풀어야 한다고 거듭 강조했는데요. 원주민들이 뭐라고 대답했을까요?

남자 글쎄요. 모르겠군요.

작가 **"문제가 있으면 함께 의논해서 해결해야 하는 것 아닌가요? 왜 자꾸 각자 따로 풀라고 하는지 모르겠군요."**

남자 아!

작가 아메리카 원주민들은 왜 이렇게 생각하게 됐을까요? 오랫동안 협력하며 살아온 공동체적 삶의 방식이 이러한 사고방식을 낳은 것이죠. '문제'는 함께 푸는 거라고요. 마르크스는 다음과 같이 말했습니다. **"인간의 의식이 그들의 존재를 규정하는 것이 아니라, 그들의 사회적 존재가 그들의 의식을 규정한다."**

남자 흠, 마르크스라는 사람은 뭔가 똑똑한 거 같긴 한데 말을 참 꼬아서 하네요. 그러니까 도대체 뭐가 어떻다는 말인가요?

작가 쉽게 말하자면, 마르크스는 사람들이 갖게 되는 의식은 그들이 사는 사회환경, 즉 '사회적 존재'에 따라 결정된다고 한 거예요. 우리가 어떤 사회에서 살고 어떤 경험을 하느냐에 따라 우리의 생각과 행동이 형성된다는 거죠.

남자 흠.

작가 아까 얘기한 아메리카 원주민들은 오랜 세월 동안 서로 돕고 협력하면서 살아왔기 때문에, 그들의 사고방식도 함께 일하고, 함께 문제를 해결하는 게 당연하다고 생각하게 된 겁니다. 그게 바로 사회적 존재가 그들의 의식을 규정한 예죠.

남자 그러니까 그들이 협력을 중요시하는 이유는 그들이 사는 방식 때문이라는 거군요?

작가 맞습니다! 우리는 왜 이렇게 남에게 인정받고 싶어 할까요? 누구에게나 존재하는 인정욕구도 인류의 진화 과정을 살펴보면 자연스럽게 이해됩니다. 너무나 당연한 얘기지만 무리에서 좋은 평판을 얻은 개체가 후세대에 유전자를 남길 확률이 높겠죠. 정나미 떨어지는 녀석과 음식을 나누거나 자식을 만들기는 싫은 법

아니겠어요? 그러니 주변 사람들에게 인정받는 일이 얼마나 중요하겠어요? 타인의 인정은 일종의 정신적 양식인 셈입니다. 심지어 재벌이나 유명 연예인처럼 남들의 부러움을 사는 이들조차 외로움과 소외감이라는 정신적인 영양실조에 빠지면 스스로 목숨을 끊기도 하지요.

남자 맞아요. 맞아! 잘나가는 연예인이 갑자기 악플 때문에 극단적인 선택을 했다는 뉴스를 들으면, 지금까지 벌어놓은 돈으로 잘 먹고 잘살면 되는데 도대체 왜 그러지 싶었거든요.

작가 반대로 자기만 챙기는 이기적인 사람도 그래요. 마치 썩은 음식과도 같아서 협력하는 분위기를 훼손하고 공동체에 악영향을 끼쳐 구성원의 생존과 번식 확률을 낮춥니다. 알다시피 인간은 몸에 해로운 썩은 음식을 섭취할 때 맛없고 역겹게 느끼도록 진화되었는데요. 우리가 이기심 가득한 사람에게 역겨운 감정을 느끼는 것도 같은 이유입니다. 나에게 해로운 사람임을 본능적으로 알아보는 거죠. 사실이 이러한데도 어떻게 인간을 그저 이기적인 존재로만 치부할 수 있겠어요? 그렇게 주장하는 자신이 썩은 음식임을 자인하는 꼴 아닌가 싶어요.

남자 그렇다면 제가 썩은 음식이라는 얘기가 되는데요?

작가 (매우 당황하며) 그럴 리가요! 이기적인 분이 저에게 그렇게 멋진 와인을 선물로 주시겠어요?

남자 크크. 지난번 와인이 아주 만족스러우셨나 보군요?

작가 마침 어제 안주를 배달시켜서 아내와 마셨거든요. 간만에 고급진 와인을 영접했더니 자고 일어났는데도 아직 코에 와인 향기가 어른거립니다.

남자 작가님도 참. 어제 마신 게 지금까지 향이 남아 있겠어요?

작가 (자못 진지한 표정을 지으며) 전혀 이상한 일이 아닙니다. 아주 훌륭한 와인을 마시면 다음 날에도 코에 잔향을 느끼는 건 꽤 흔한 경험이죠. 고급 와인일수록 여운이 깊게 남아요. 한번 챗지피티에게 물어볼까요? (챗지피티 앱을 구동하며)

남자 하하하. 알았어요. 알겠습니다. 내려놓으세요. 어쨌든 저 썩은 음식 아니죠? 난데없이 썩은 음식 취급을 받는 것 같아서 마음이 좀 그렇습니다.

작가 절대 아닙니다! 오해하지 마세요.

남자 오늘도 와인을 한 병 가져왔는데, 취향에 맞으시면 좋겠네요.
작가　어? 책만 두 권 가져오신 것 아닌가요?
남자　아! 와인은 차 안에 있어요. 깜박하고 내렸거든요.

　　일순간 만면에 환한 웃음을 띤 작가의 표정은 적어도 이 와인만큼은 이기적으로 소유하고 싶다는 속마음을 한껏 드러내는 듯했다. 지금까지 역설한 인간의 이타성과 부조화를 이루는 자기 모습이 당황스러웠는지, 작가는 뒤늦게 입꼬리를 억지로 끌어내리려 애썼다. 그 씰룩대는 모습이 마치 팬터마임 같아 남자는 애써 참던 웃음을 터뜨린다.

남자　하하. 작가님, 그렇게 와인이 좋으십니까? 얼굴에 다 보입니다. 보여요.
작가　<u>호호</u>. 그… 런가요?
남자　사회주의자가 그렇게 와인을 좋아하면 어떡합니까. <u>크크크</u>.
작가　아이고, 지금 하신 얘기도 참 전형적이에요.
남자　그런가요?
작가　제가 언론사에 와인 글을 연재했는데 그런 댓글이 항상 달렸거든요. '마르크스, 사회주의 운운하면서 무슨

	와인이냐, 너 강남좌파냐.' 뭐 사실 강남이죠. 서울 금천구면 한강 남쪽이긴 하니까.
남자	하하. 그렇긴 하네요.
작가	전 **사회주의자가 추구하는 건 다 같이 소주 마시는 세상이 아니라 좀 더 많은 사람들이 와인과 취미생활을 즐기는 세상이라고 생각해요.** 대중이 문화생활을 더욱 적극적으로 즐길 수 있으려면 소수에게 과도한 부가 집중되지 않도록 분배가 공평해야 하고 노동 시간을 단축해 여가를 늘려야 하잖아요. 알다시피 이것은 대체로 사회주의자가 추구하는 사회상이란 말입니다. 그런데 사회주의자를 무슨 문화적 퇴행과 삶의 질 저하를 획책하는 부류로 여기니 참 당혹스럽습니다.
남자	듣고 보니 참 억울하시겠습니다.
작가	요즘에는 제가 종종 노동조합에서 와인 강의를 하기도 합니다.
남자	노동조합에서요? 정말요?
작가	그럼요. 엄청 좋아들 하세요. 안주와 와인을 준비해서 실제 체험을 하며 진행하거든요. 안주로는 보쌈, 주꾸미볶음을 준비하고, 와인으로는 매콤한 음식에 잘 어울리는 리슬링을 준비합니다.

남자	마침 제가 가져온 와인이 리슬링인데요. 한식과 잘 어울리나요?
작가	오! 정말요? 어울리다마다요. 더 이상 소주 생각이 안 날 정도로 끝내줍니다. 술을 잘 안 마시는 사람이 너무 맛있다고 와인 반병을 훌쩍 비울 정도예요. 노동조합에서 와인 강의를 할 때 제 건배사가 뭐였는지 아세요?
남자	'먹고 죽자!' 뭐 이런 건가요?
작가	'노동 해방을 위하여!'예요.
남자	하하! 정말 딱이네요, 딱!
작가	한 병에 2만 원 정도 하는 와인으로 그렇게 즐거울 수 있으면 제대로 남는 장사 아닌가요. 사회운동을 하는 이유는 더불어 행복한 세상을 만들기 위해서잖아요. 와인 마시는 시간이야말로 그 목표에 딱 들어맞는 시간이거든요.
남자	하하. 꿈보다 해몽이네요!
작가	에구, 그나저나 제가 또 와인 얘기를 너무 길게 했네요. 와인 얘기만 나오면 정신을 못 차려서…. 미안합니다. 다시 본론으로 돌아가서, 결국 이기심이든 이타심이든 본질적으로 공동체적 존재이기 때문에 가능한

속성이에요. 무리 안에서 서로 관계를 맺고 있기에 이기와 이타가 성립되는 것이니까요. **그런 의미에서 인간은 철저하게 공동체적 존재이며 공동체를 떠나서는 살 수 없습니다.** 현재 진화 현상을 연구하는 학자들은 이타심의 진화에 대해서 유전자의 관점에서 혹은 집단의 관점에서 다양한 주장을 내놓으며 활발하게 논의를 이어가고 있어요.

인간은 사는 대로 생각한다

남자 그런데 우리 눈앞에 펼쳐진 현실을 보면, 솔직히 말해 이타심을 언급하는 게 어색할 정도로 이기심과 경쟁심이 만연하지 않은가요? 제가 일일이 예를 들지 않아도 될 정도로 심각한 상황인 건 잘 아시잖아요. 이 상황은 어떻게 설명하시겠어요?

작가 "인간의 의식이 그들의 존재를 규정하는 것이 아니라, 그들의 사회적 존재가 그들의 의식을 규정한다." 마르크스의 이 말에서 그 답을 찾을 수 있습니다. 앞서 언급했듯이 과거 인류는 수백만 년 동안 소규모 공동체를 이뤄 수렵과 채집을 하며 생계를 유지했어요. 수렵 채집의 결과물을 공동체 구성원이 함께 나누는 원시 공산주의 사회였지요. 그렇게 해야 개체의 생존 및 번식 확률이 높아지니까요. 생각해 보세요. 어떤 부족이 있는데 사냥용 창에 자기만의 표식을 해놓고 사냥한 동물을 그 당사자만 독점하는 이기적인 분위기라고 합시다. 과연 그 부족이 오랫동안 살아남을 수 있겠어요?

남자 동물이 쉽게 잡히는 것도 아니고, 그래가지고서는 살아남기 어렵겠지요.

작가 당연하게도 사냥한 동물을 구성원이 함께 나눠야 공동체를 유지할 수 있었습니다. 오랫동안 그런 방식으로 살다 보면 사고방식도 자연스럽게 '문제는 함께 의논해서 풀고, 먹을 게 있으면 함께 나누는' 식으로 형성되겠죠.

남자 아무래도 그렇겠지요.

작가 자! 그러면 이번에는 자본주의 사회를 살펴보죠. 아시다시피 **자본주의는 생활에 필요한 재화나 서비스 일체가 시장에서 가격이 매겨져 상품으로 판매되는 사회**입니다. 한마디로 그 상품을 구매할 돈이 있어야 생존과 번식이 가능하다는 얘기죠. 원시 공산주의 사회에서는 수렵과 채집 활동으로 얻은 것을 함께 나눠 먹고 살았지만 자본주의 사회에서는 스스로 모든 것을 감당해야 합니다. 아이가 아파도 내가 번 돈으로 치료해야 하고, 아이가 대학에 가도 내 돈으로 학비를 대야 해요. 그러니 사회 구성원의 대다수는 자본가에게 노동력을 판매하고 임금을 받습니다. 생산수단은 자본가의 손에 있고 노동자는 몸뚱이밖에 없으니까요.

남자 노동자만 그런 게 아니에요. 자본가도 마찬가지예요. 저도 내 돈으로 병원비 내고, 내 돈으로 애들 학비 냅니다. 다 똑같아요.

작가 맞습니다. 노동자이건 자본가이건 상관없이 자본주의 시스템은 돈을 낸 이에게 재화와 서비스를 제공하지요. 신분이 높고 낮음을 가리지 않는다는 점에서는 차별이 없다고 할 수 있겠지요. 저도 돈만 내면 외국 정상이 묵었던 신라호텔 최고급 객실에서 묵을 자격이 주어지니까요.

남자 그러니까 말이에요. 자본주의에서는 돈이 필요해요. 돈이 있어야 뭐라도 할 수 있는 세상에서 열심히 돈 버는 걸 뭐라 할 수 없는 것 아닌가요? 마르크스의 얘기를 듣다 보면 자본가를 돈버러지로 매도하는 것 같아 기분이 좀 그렇단 말이에요. 자본가가 노동자 시간을 빼앗아서 돈을 번다고 하는데, 솔직히 그건 자본가 개개인을 탓할 수 있는 게 아니잖아요. 작가님도 지난번에 얘기했듯이, 신분제 사회라고 해서 양반을 싸잡아 욕할 수는 없는 것 아닙니까. 지금은 자본주의 사회이고 자본가들도 이 게임의 법칙에서 최선을 다해 노력하고 있는 거예요.

작가 아시겠지만, 자본가 개인을 비난하려고 이런 얘기를 하는 게 아닙니다. 말씀하신 것처럼 자본가는 기업을 소유하고 운영하면서 이윤을 벌어들이기 위해 최선을 다합니다. 민간기업은 이윤을 내야 살아남을 수 있으니까요. 자본가라고 해서 모두 다 성공할 수는 없는 노릇입니다. 지금 당장은 잘나가더라도 언제 다른 기업이 새로운 상품을 내놓아서 시장을 잠식할지 알 수 없으니까요. 자본가들도 서로 치열하게 경쟁하지요.

남자 우리 회사도 지금은 다행히 잘 굴러가고 있지만 언제 어떻게 될지 알 수가 없어요. 제가 주말에도 휴가철에도 회사 일 때문에 가족과 여행 한번 제대로 다녀오지를 못합니다.

작가 자본가들도 자본주의의 무한 경쟁 속에서 큰 심리적 압박을 받지요. 혁신적인 기술을 개발하거나 획기적인 상품을 만들어서 경쟁자를 압도한다면야 더할 나위 없이 좋겠지만, 당장 그런 성과를 내기는 어려운 게 현실이죠. 그러니 일단은 경영 효율화를 목적으로 이런저런 노력을 합니다. 그 과정에서 편법을 저지르기도 하고 위험한 근무 환경을 방치하거나 환경을 오염시키는 기업들도 있죠.

남자 노파심에서 말하지만, 우리 회사는 그런 짓은 하지 않아요. 그렇게 저를 빤히 쳐다보면서 그런 얘기를 하시면 솔직히 기분이 좋지 않습니다.

작가 아이고, 당연히 잘하실 것으로 믿으니 오히려 제가 편하게 이런 얘기를 하는 거죠.

남자 뭐, 그건 그렇지만 아무튼 자본가를 비판할 때는 좀 섬세하게 구분해서 부탁드립니다. 뭔가 저 들으라고 하는 얘기 같아서 마음이 불편해지더군요. 사장들도 다 똑같은 사람이에요. 좋은 사람도 있고, 나쁜 사람도 있고. 그리고 솔직히 돈을 더 많이 벌면 더 행복할 수 있지 않나요. 행복해지려고 열심히 노력해서 돈 버는 사람을 너무 이상한 사람 취급하지 않으면 좋겠어요. 법을 어기는 것도 아니고, 세금 꼬박꼬박 내면서 나라에 기여하고 있는데 말이에요.

자본주의라는 롤플레잉게임

작가   저는 종종 우리가 롤플레잉게임을 하고 있다는 생각이 들더라고요.

남자   웬 롤플레잉게임이요?

작가   모두에게 지상명령이 내려진 거죠. 화폐를 가장 많이 모으는 사람이 승자가 되는 게임 말이에요.

남자   흠….

작가   노동자, 자본가, 자영업자, 실업자, 누구 할 것 없이 생존과 번식을 위해서는 화폐가 필요한 세상이잖아요. 가난한 부모님이 나에게 못 해주는 일도 화폐는 해주니까요. 모든 것이 상품이 되어 화폐로 거래되는 세상에서는 말이죠. 자신이 소유한 화폐로 모든 것을 해결해야 하는 사회에서는 이기심만이 자신을 구원할 수 있습니다. 어쭙잖게 다른 사람을 배려하고 다른 사람의 입장을 고려하면 경쟁에서 뒤처질뿐더러 호구가 되기 십상입니다.

남자   내 말이 그 말이에요, 내 말이!

작가   자기 걸 잘 챙기는 계산 빠른 사람이 돈도 잘 벌고 승진도 잘합니다. 살아남으려면 윗사람에게 굽실거려야 하고 부당한 대우를 받더라도 참아야죠. 이런 일을 겪은 부모는 자식에게 의사나 변호사 같은 전문직 종사자가 되기를 권유합니다. 간, 쓸개 빼놓고 살아야 하는 노동자의 설움과 힘겨움을 자식에게는 물려주고 싶지 않은 거죠. 그러니 아이에게 공부를 잘해야 한다고, 좋은 대학에 가야 한다고 강요합니다.

남자   맞아요! 이제 작가님과 뭔가 통하네요. 진작에 이러셨어야죠.

작가   이러한 롤플레잉게임의 규칙은 자연스럽게 '학교'로 스며듭니다. 아이들은 새벽부터 밤까지 학교와 학원을 오가며 입시 준비에 내몰립니다. 친구보다 더 좋은 점수를 얻어야 원하는 학교에 진학할 수 있으니까요. 학업 때문에 극심하게 스트레스를 받다가 심지어 스스로 목숨을 끊기도 하죠. 이를 두고 대한민국 학부모의 비정상적 교육열 탓에 교육이 망가졌다고 진단한다면, 현상만 보고 본질은 파악하지 못한 것이죠. 그 어느 부모가 자식 잘되기를 바라지 않겠나요. 결국 **자**

본주의라는 롤플레잉게임 규칙이 우리에게 이기적으로 행동하기를 강요하고 있는 겁니다.

남자   음….

작가   뭔가 느낌이 오시나요?

남자   그러니까 현재 우리 사회에 이기심과 경쟁이 만연한 이유는 그게 인간의 본성이기 때문이 아니라 자본주의라는 시스템이 그걸 조장한다는 거군요.

작가   그렇습니다. "인간의 의식이 그들의 존재를 규정하는 것이 아니라, 그들의 사회적 존재가 그들의 의식을 규정한다." 마르크스의 이 말이 좀 이해되시나요?

남자   (말없이 천천히 고개를 끄덕인다.)

작가   자본주의 사회는 돈이 최고인 사회입니다. 돈이 많으면 일하지 않고도 호의호식할 수 있고, 예쁘고 잘생긴 애인도 얻을 수 있어요. 어딜 가든지 돈만 있으면 왕처럼 대접받을 수 있죠. 나쁜 짓을 해도 돈이 많으면 처벌을 면할 수 있습니다. 재벌이 불법을 저질러도 제대로 처벌받는 경우를 보았나요? 가난한 사람들은 배고파서 물건을 훔쳐도 절도죄로 징역을 살아야 하는데 말이죠. 돈만 있으면 거의 무엇이든 살 수 있는 사회가 자본주의 사회입니다. 모든 것이 상품이 된 사회의 현실이죠. **그런데 차분하게 생각해 보면, 돈이 모든 것을 가능하게 해준다는 생각은 일종의 '환상'입니다.**

남자 환상이라고요? 도대체 무슨 말씀인가요? 부인할 수 없는 자명한 사실 아닌가요? 제가 오늘 가져온 와인도 돈을 주고 샀단 말입니다. 작가님이 살고 있는 이 집도 돈으로 사지 않았나요?

작가 물론 겉보기에는 그렇습니다만, 저는 궁극적이고 본질적인 부분을 얘기하려는 거예요. 돈이라는 것, 그러니까 세종대왕 같은 위인의 모습이 인쇄된 종이는 그 자체론 아무런 능력이 없습니다. 지금부터 대한민국의 모든 사람이 자신이 가진 돈을 쌓아두기만 한 채 아무 일도 안 하고 집에 누워만 있다고 합시다. 쌀이 생산될 수 있나요? 건물이 새로 올라갈 수 있나요?

남자 그럴 수 없겠지요.

작가 어떠한 상품도 생산되지 않을 겁니다. 세종대왕이 찍혀 있는 종이를 보고 아무리 읍소한다고 한들 그 종이가 요긴한 물품으로 변할 수는 없는 노릇이잖아요. **우리가 돈으로 구매하는 모든 상품은 누군가의 정신적 육체적 노동의 결과물입니다.** 농부가 노동하지 않으면 쌀은 생산되지 않습니다. 건설 노동자가 노동하지 않

"한 나라의 자본 형성이 카지노 활동의 부산물이 될 때, 그 일은 대체로 잘못 수행될 가능성이 높다."
- 『고용, 이자 및 화폐의 일반이론』(1936)

20세기 가장 영향력 있는 경제학자 중 한 명인 존 메이너드 케인스(1883~1946)는 대공황 시기 기존 자유방임적 자본주의의 한계를 지적하고, 정부의 적극적인 개입을 통한 수요 관리의 필요성을 주장했다. 그는 『고용, 이자 및 화폐의 일반이론』에서 금융시장이 투기적 도박장이 되면 본래의 역할인 생산적 자본 배분 기능을 상실한다고 경고했다. 이 발언은 실물경제와 유리된 금융자본주의의 폐해를 말하는 '금융화financialization' 현상에 대한 비판적 논의의 출발점이 되었다.

으면 이 아파트도 존재할 수 없어요. 엔지니어가 노동하지 않으면 스마트폰도 존재할 수 없지요.

남자 그렇다면 재테크는 어떻게 설명하실 건가요? 금융 재테크를 통해 부를 축적하는 사람들도 있지 않습니까.

작가 재테크가 과연 가치를 창출하는지 아닌지를 따져보죠. 지금부터 전 세계 모든 사람이 다른 행위는 일절

하지 않고 재테크만 한다고 가정합시다. 농사도 안 짓고, 건물도 안 짓고, 글도 안 쓰고, 아무튼 재테크만 하는 거예요.

남자 아까도 그렇고 지금도 그렇고 너무 극단적인 가정을 하는 것 아닌가요? 평소에도 그렇게 극단적인 생각을 하니까 마르크스주의자 같은 극단주의자가 된 것 아닌가요?

작가 하하. 뭐 그렇게 생각할 수도 있겠다 싶네요. 하지만 의외로 상황을 극단으로 밀어붙였을 때 본질이 떠오르는 경우가 종종 있습니다.

남자 도대체 어떤 경우가 그렇습니까?

작가 예를 들어 어떤 기업가가 있다고 합시다. 평소 회사가 잘 돌아갈 때는 직원들한테 가족처럼 대한다고 입에 달고 다니던 사람인데, 마침 불황이 닥쳐 상황이 매우 어려워졌습니다. 만약 자기만 살겠다고 회사 직원들을 가차 없이 내친다면 그의 말은 거짓으로 드러날 것입니다. 반대로 직원들을 보호하기 위해 서슴없이 사재를 출연한다면 그의 말은 사실로 증명되겠죠. 경제 불황이라는 극단적 상황 탓에 그 기업가의 본심이 드러난 거죠.

남자	흠, 그렇군요.
작가	뉴턴은 낙하하는 물체에 작용하는 중력을 연구하기 위해 완벽한 진공이라는 '극단적' 상황을 가정했어요. 공기 마찰 같은 교란 요소가 없어야 중력의 본질을 밝혀낼 수 있으니까요. 이렇듯 상황이 극단으로 치달을 때 감춰진 본질이나 핵심 가치가 명확하게 드러나는 경우가 많습니다.
남자	묘하게 설득력이 있군요.
작가	다시 재테크 얘기로 돌아와서, 전 세계 사람들이 주식과 코인, 부동산을 서로 사고팔고 있습니다. 보유한 자산 가격이 등락함에 따라서 누구는 벌고 누구는 잃겠지요? 하지만 앞서 가정했다시피 그 외에 다른 일을 하는 사람이 없는 상황입니다. 소 키우는 사람도 없고, 건물 짓는 사람도 없고, 음식 만드는 사람도 없고. 그러면 아무리 재테크로 자신이 보유한 자산 가치를 키운다 한들 그것으로 구매할 재화나 서비스가 없겠죠.
남자	그렇겠지요. 일하는 사람이 없으니.
작가	결국 재테크만으로는 우리가 일상에서 필요로 하는 실제 재화나 서비스를 창출해 낼 수 없습니다. 아무리 자산의 가치가 올라간다 한들, 그 자산으로 구매할 수

사과 100개의 경제학

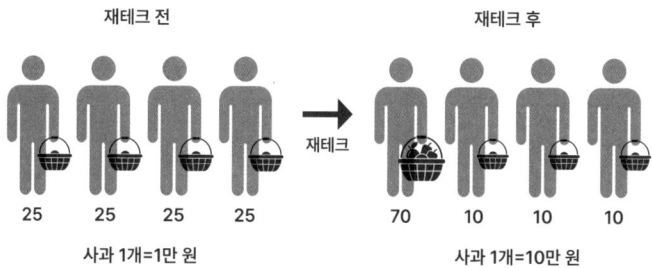

있는 게 없다면 사실상 의미가 없으니까요. 그저 온라인 게임에서 경험치를 올리는 것이나 다를 바 없는 것입니다. 금융 자산의 거래는 아무리 좋게 보더라도 그저 부의 배분만 바꿀 뿐, 궁극적으로는 새로운 가치를 창출하지 않습니다.

남자 부의 배분만 바꾼다고요?

작가 예를 들어 이런 상황을 가정해 보죠. 전 세계에 판매되는 상품이라고는 딱 사과 100개가 있다고 합시다. A, B, C, D 이렇게 네 사람이 있어요. 각각 자산이 25만 원씩 있습니다. 네 명의 자산을 합하면 100만 원이니 이것으로 사과 100개를 산다면 만 원에 한 개를 살 수 있을 거예요. 결과적으로 A, B, C, D 모두 각각 25개씩 사과를 살 수 있습니다. 그런데 네 명이 여차

저차 재테크를 해서 자산 가치 변동이 생겼어요. A는 700만 원이 됐고, B, C, D는 각각 100만 원이 되었어요. 그러면 사과 100개가 어떻게 분배될까요?

남자 A는 사과를 70개 가져가고 B, C, D가 10개씩 갖겠지요.

작가 맞습니다. 또 달라지는 게 있나요?

남자 가격이요. 사과 한 개의 가격은 10만 원으로 오르겠군요. 그러니까 재테크로 자산 가치를 불리더라도 노동에 의한 생산이 존재하지 않는다면 그저 원래 가지고 있던 재산을 재분배하는 꼴밖에 안 된다는 이야기군요.

작가 그렇습니다. 이게 어떻게 보면 도박이에요. 규칙대로 카드 게임을 한 후 그 결과대로 판돈을 재분배하는 것과 다름이 없으니까요. 아무리 도박을 열심히 한들 참가자들의 판돈 자체가 커지지는 않죠. 그러니 한쪽에서 재테크로 딴 사람이 있다면?

남자 다른 쪽에는 잃은 사람이 있겠군요.

돈의 진정한 의미

작가   그러니 돈이 모든 것을 가능하게 해준다는 생각은 일종의 '환상'일 뿐입니다. 진정한 가치를 창출하는 것은 인간의 정신적·육체적 노동이에요. 다른 사람의 노동이 있기에 우리는 옷을 입고 음식을 먹으며 스마트폰을 사용할 수 있어요. 내가 지금과 같은 삶을 살 수 있는 건 다른 누군가의 노동 덕분입니다. 이 얼마나 고맙습니까? 물론 다른 사람들도 나의 노동 덕을 보겠죠. 이렇듯 우리는 다른 사람의 도움이 없다면 한 순간도 제대로 살 수 없는 존재입니다. 돈은 그저 사람들의 노동이 교환되는 과정에서 매개물 역할을 할 뿐이죠. 결국 우리는 서로서로 의지하는 노동 공동체의 구성원인 것입니다. **그런데 자본주의 사회는 이 소중하고 감사해야 할 '타인의 노동'을 단순한 화폐 수치로 전락시킵니다.** 따뜻한 '인간' 관계를 차가운 '돈' 관계로 치환하죠.

남자   ….

작가   저는 어릴 때 음식을 남기면 벌 받는다는 말을 부모님께 많이 들었습니다. 그런데 중학생쯤 되니까 묘한 반

> 원래 물신주의fetishism는 주술용 도구나 성상처럼 사물에 그 용도를 넘어선 초자연적 힘이 깃들어 있다고 믿는 것이다. 그러나 마르크스가 『자본론』에서 말하는 상품의 물신주의commodity fetishism는 자본주의 시장에서 상품이 인간 노동의 결과라는 사실이 지워지고, 상품이 자체적으로 가치를 가지는 것처럼 보이는 현상을 말한다. 예를 들어 명품 가방은 종종 사용 가치나 투입된 노동력을 떠나 그 자체로 욕망의 대상이 된다.

감이 들기 시작하더라고요. '어차피 내 돈 주고 산 음식인데 좀 남기면 어때?' 하는 생각 말이에요.

남자 저도 부모님께 그런 얘기를 많이 들었지요. 특히 아버지께서 늘 그러셨어요. "세상엔 먹을 게 없어서 굶는 사람들도 있는데, 감사한 마음으로 남기지 말고 먹어야 한다." 그런데 언제부터인가 그런 생각이 들더군요. 내가 밥 먹을 때조차 아프리카에 있는 가난한 아이들 생각을 하면서 죄의식 느끼고 스트레스를 받아야 하나?

작가 하하. 뭔가 사장님다운 생각이어요.

남자 남자는 자고로 호연지기가 있어야죠!

작가 그런데 만약 지금 내가 먹는 음식이 부모님이 새벽부터 밭에 나가 허리도 제대로 펴지 못하고 가꾼 농작물이라고 하면, 저는 그 음식을 함부로 남기거나 버리지 못할 거예요. 내가 먹는 음식이 어떤 과정을 거쳐서 밥상에 올라왔는지 아니까요.

남자 흠, 그건 그렇지요.

작가 이 당근은 2,000원짜리, 이 김은 6,000원짜리, 이런 식으로 **가격만 눈에 들어오고 그 배후의 노동이 보이지 않으니 우리는 내 돈 내고 산 물건 내 맘대로 한다는 생각을 쉽게 하게 됩니다.** 마르크스는 『자본론』에서 '물신주의物神主義'에 대해 얘기했어요. 물질이 신이 됐다는 말이죠. 신은 전지전능한 존재잖아요? 중세 서양에서는 신의 뜻이라면 아무리 비상식적으로 보이는 일들도, 예컨대 마녀사냥이나 십자군 전쟁도 정당하다는 명분을 얻었습니다. 마찬가지로 무엇이든 상품으로 거래되는 자본주의 사회에서는 물질, 그중에서도 돈이 전지전능한 신의 지위를 차지하는 거죠. 모든 것의 꼭대기에 돈이 군림합니다. 가치 판단이 돈이 되느냐 아니냐로 결정되고요. 심지어는 세계 곳곳에서 전쟁이 일어나 사람이 죽어 나가도 그 경제적 파급효

	과와 주식시장의 동향을 얘기하며 재테크에 열중하는 세상이 되었죠.
남자	솔직히 저도 그런 분위기가 바람직하지는 않다고 생각합니다. 하지만 이미 세계가 다 그렇게 돌아가고 있는데 나 혼자서만 무인도에서 살 수도 없는 노릇 아닌가요? 우리가 다시 원시 공산주의 사회로 돌아갈 수도 없는 노릇이고요. 수렵채집하면서 살 수는 없잖아요. 어쨌거나 적응하며 살아야지.
작가	말씀하신 대로 사회가 죄다 이렇게 돌아가고 있는데 분위기에 휩쓸리지 않기가 어려운 건 사실이에요. 이런 얘기를 나누다 보니 문득 20년 전쯤 있었던 일이 떠오르네요. 당시 저는 『자본론』 학습 모임을 운영하고 있었는데요. 참가자 중 연세대학교 사회학과 학생이 있었습니다. 원래 한양대학교 의대를 다니다가 뒤늦게 사회학에 관심이 생겨 학교를 옮긴 친구였어요.
남자	아이고! 왜 하필 이 상황에 재수 옴 붙게 그런 얘기를 한답니까.
작가	앗! 미안합니다. 과거 일을 떠올리다 보니 그렇게 되었네요.
남자	아무튼 우리 아이 문제니까 한 마디 한 마디 조심해

주시면 고맙겠습니다!

작가 네…. 아무튼, 하루는 그 친구가 『자본론』 학습 모임에 지인을 데려오고 싶다는 거예요. 어떤 친구냐고 물어봤더니 연세대학교를 다니는 사람인데 탈북자라고 하더라고요.

남자 탈북자요? 그러니까 북한에서 온 사람 얘기하시는 거죠?

작가 맞아요. 다음 모임에 그 탈북자도 참가했는데요. 처음에는 다소 어색하고 조심스러운 분위기였지만 마르크스의 『자본론』을 공부하는 모임이다 보니 대체로 사회주의나 북한에 대해 오해와 편견이 적은 사람들이라 어느덧 편안하게 이야기를 주고받는 사이가 되었죠. 하루는 모임을 마치고 귀가하는 길에 지하철을 같이 타게 되어 궁금한 점을 이것저것 물어보았어요.

"북한에서 살다가 이제는 남한에 와서 살고 있는데 어떤 점이 다르던가요?"

"음, 병원에 갔을 때 사람들이 돈 내는 모습을 보고 충격을 받았어요."

"아! 그럴 수 있겠네요. 북한은 무상의료니까."

"돈이 없으면 치료를 받지 못한다는 건 북한에서는 상상도 할 수 없는 일이거든요."

사회주의 국가에서 무상의료를 실시한다는 걸 머리로는 알고 있었지만 실제로 살다가 온 사람한테 직접 얘기를 들으니 머리를 망치로 맞은 것 같았습니다. 병원에 가서 돈 내는 모습이 누군가에게는 매우 이상한 장면으로 여겨질 수도 있겠더군요.

남자 그래봐야 북한이 의료기기나 제대로 갖추고 있겠어요? 의사 수준도 믿을 만할지….

작가 충분히 그런 의구심을 가질 수 있다고 생각해요. 저도 누가 갑자기 북한에 가서 공짜로 수술 받고 오라고 하면 썩 내키지 않을 것 같거든요. 다만 지금은 사회시스템이 인간의 의식에 주는 영향의 예로 북한을 언급하는 것이니 그 점을 고려해서 들어주시면 좋겠어요.

남자 뭐, 일단 알겠습니다.

작가 그 탈북자 친구가 또 이런 얘기를 하더라고요.

"땅에 보이지 않는 금을 그어 네 것 내 것 나누는 게 이해가 안 됐어요. 토지는 누가 만든 것이 아니고 자연의 선물인데 공공재를 그렇게 개인이 소유하다니요."

남자   우리하고는 사고방식이 상당히 다르네요.

작가   저에게도 신선한 경험이었어요. 내게 공기만큼이나 자연스러운 일들이 누군가에게는 생소하고 어색한 일로 받아들여질 수 있다는 사실을 깨달았거든요. 익숙해진 것을 낯설게 보는 일이 쉽지는 않더군요. 물속에서만 사는 물고기가 물이 없는 공간을 상상하기 어려운 것과 마찬가지입니다.

남자   결국 작가님은 이런 얘기를 하고 싶은 건가요? '이기심과 경쟁심만 부추기는 자본주의는 문제가 많으니, 사회주의를 더욱 받아들여서 공동체 정신과 이타심이 살아 있는 사회를 만들자.' 뭐 이런 얘기 같은데요.

좋은 심성을 기를 수 있는 체제

작가   후후. 그렇게 되나요. 어쨌든 인간은 주어진 환경에 의해 수동적으로 주조되어 로봇처럼 살아가는 존재는 아닙니다. 로봇에겐 감정이 없지만 우리에겐 감정이

건강보험 우울증 환자 연령대별 현황

(단위: 명)

연령구간	2020년	2021년	2022년	2023년	2024년 1월~7월
총계	832,483	915,910	1,001,046	1,043,732	1,106,603
0~9세	991	1,470	1,743	1,881	2,162
10~19세	39,817	49,049	59,424	64,202	73,070
20~29세	143,163	169,163	185,794	187,184	194,621
30~39세	112,582	134,516	160,145	174,200	191,106
40~49세	110,276	124,016	142,125	155,414	168,066
50~59세	117,691	120,743	126,491	132,659	139,919
60~69세	132,911	140,717	143,135	144,272	146,094
70~79세	111,964	110,239	110,936	111,125	115,492
80세 이상	63,088	65,997	71,073	72,795	76,073

출처: 건강보험공단

건강보험공단에 따르면 2020년 약 83만 명이었던 우울증 환자의 수는 2024년 110만 명을 넘기며 5년간 약 32.9퍼센트 증가했다. 특히 10대 미만의 아동 환자는 118.2퍼센트, 10대 환자는 83.5퍼센트 증가하며 아동청소년층의 우울증 환자 수가 증가세가 매우 두드러졌다.

    있으니까요. 경쟁이 만연하고 이기심을 부추기는 사회가 계속되면 많은 사람이 행복과 즐거움보다는 슬픔과 분노, 좌절을 느낄 겁니다. 우울증, 공황장애 같은 정신질환이 폭발적으로 증가하는 이유를 자본주의 시스템에서 찾는 학자들도 있을 정도예요. 오랜 진화를 거쳐 형성된 인간의 공동체 본성이 불안과 경쟁, 물신주의를 증폭시키는 자본주의 시스템과 충돌을 일으키다 보니, 그 결과 정신질환이 증가한다는 겁니다.

남자 구체적으로 통계를 내기 전에는 실제로 그런지 알 수

	없는 거 아닌가요? 언제나 꿈보다 해몽이니까요.
작가	그렇죠. 하지만 국민건강보험공단 통계를 봐도 우울증 진료를 받는 환자의 수가 크게 늘어난 것은 현실입니다. 특히 사회적 분위기에 민감한 아동과 청소년의 우울증 진료는 5년 사이 75퍼센트 이상 증가했죠. 이 답답한 현실을 보며 무언가 잘못됐음을 깨달은 이들은 그 이유를 분석하겠지요. 문제의 원인을 찾아낸 인류는 해결책을 모색하고 상황을 개선하기 위해 노력할 것입니다. 인간은 환경에 영향을 받기도 하지만, 반대로 자유로운 두 손을 이용해 환경을 바꾸는 존재이기도 하니까요.
남자	그 해결책이 꼭 사회주의라는 법은 없을 것 같은데요.
작가	물론 자본주의 사회는 분명 과거 인류가 지나온 사회들보다 장점이 많습니다. 그렇다고 여기가 인류의 종착역은 아니에요. 지금의 모순을 해결해 사람들이 더 행복하게 살 수 있는 새로운 단계로 나아가야죠. 자신의 노동이 소중한 만큼 다른 사람의 노동도 소중하다는 사실을 깨닫고, 서로 존중하며 어우러져 사는 공동체를 만드는 것이 우리 세대의 과제입니다. 그런 사회야말로 우리의 유전자에 새겨진 공동체적 본성에 잘

들어맞지 않을까요? 조선 시대에 어떤 노비가 '양반도 없고 상놈도 없는 세상이 올 것이다'라고 말했다면 몽상가라고 불렀을 겁니다. 그런데 지금은 그 노비의 말이 현실이 되었어요. 세상은 끊임없이 변한다는 걸 기억할 필요가 있습니다. 인간이 궁극적으로 이기심만 가득한 존재라는 주장은 자본주의 시스템이 초래하는 공동체 파괴와 인간 소외를 마치 본성의 산물인 양 호도합니다. 하지만 솔직히 말해, 그 누가 이기심이 가득해 자기 이익만 챙기는 인간을 좋아하겠습니까. 인간은 이타적이고 공동체에 헌신하는 행동에 감동받기 마련입니다. 이게 무엇을 의미하는 걸까요?

남자 어쩌면 아주 먼 미래에는 작가님이 바라는 그런 세상이 올 수도 있겠지요. 하지만 아시다시피 우리의 수명은 생각보다 길지 않지요. 그 노비도 신분제가 철폐된 세상을 보지는 못하고 죽었지 않나요? (손목시계를 보여주며) 보세요. 시간은 이렇게나 빨리 흐르지요.

현관문을 나섰다가 다시 들어온 남자의 손에는 예의 그 기다란 상자가 들려 있다. 조금 전까지만 해도 인류의 '미래'를 고민하던 작가는 어느새 눈앞에 놓인 '현재'의 와인에 마음을 빼앗겼다. '현재'의 자본주의에 충실해야 한다고 목에 핏대를 세우던 남자는 사실 자식의 '미래'에 대한 고민뿐이다. 이런 사정을 아는지 모르는지 상자 속 '에곤 뮐러 샤르츠호프베르거 리슬링 카비넷'은 그저 자기 의무를 다한다는 듯 한 사람의 손에서 다른 사람의 손으로 건네졌다.

자율 연구 노트 2.

무엇이 우리를 작동시키나
: 진화심리학 vs 마르크스주의

저번에 강의하러 오셨던 작가님이 쓴 『자본론』 해설서를 읽는데, 인간이 본성적으로 이기적인 존재라는 주장에 의문을 제기하는 대목이 있었다. 길지 않았는데 한참 머물렀다. 인간이 원래 이기적인 게 아니라 자본주의 경쟁 시스템이 사람들을 점점 이기적으로 만든다는 말을 곱씹으며 우리 학교 아이들을 떠올렸다. 아직도 시험 기간만 되면 아이들의 교과서나 안경, 노트, 심하게는 패드가 사라진다. 나도 한 번 필통이 통째로 사라졌다. 비슷한 일이 있을 때마다 우리가 이렇게 입시에 절박하지 않았다면 서로를 어떻게 대했을지 상상하게 됐다. 하지만 입시가 없었다면 무언가 다른 것을 놓고 경쟁하지 않았을까? 어떤 개체든 다른 존재보다 자신을 우선해야 생존 가능성이 높아지는 건 당연하다. 예컨대 호랑이의 배고픔을 안타깝게 여겨 기꺼이 스스로 먹이가 되어주면 후대에 유전자를 물려줄 수 없지 않은가. 물론 작가님도 이기심 자체를 부정하는 건 아닌 것 같지만. 이런 생각을 하다 보니 수행평가 주제로 진화심리학을 조사했던 기억이 떠올랐다.

진화심리학은 우리 마음이 작동하는 방식이 기나긴 진화 과정에서 생존과 번식에 유리하도록 형성되었다고 보는 학문이라, 읽다 보면 많은 것이 설명되는 기분이었다. 예컨대 식욕과 성욕이 없는 개체와 식욕과 성욕이 있는 개체가 공존한다고 가정하자. 어느 쪽이 생존과 번식 확률이 높을까? 당연히 후자다. 식욕과 성욕이 없는 개체는? 먹지도 않고 번식 행위도 하지 않으니 대부분 도태되어 후대에 유전자를 남기지 못한다. 이런 결과가 수세대에 걸쳐 누적되면 살아남은 생명체 대부분은 식욕과 성욕을 본능으로 탑재하게 된다.

그런데 진화심리학 관련 책들을 읽다 보면 종종 마음이 불편해졌다. 어떤 책에서는 여성이 수동적이고 남성이 공격적인 성향을 보이는 게 오랜 진화의 결과라고 단정 짓고 있었고, 또 어떤 글에서는 높은 지위를 차지한 개체가 생존과 번식에 유리했기 때문에 계급 격차와 위계 구조는 자연스러운 것이라는 식으로 써놓았다. 이런 논리들은 왠지 강자의 입장을 생물학으로 정당화하려는 느낌을 줬다. 진화라는 말을 방패 삼아 차별과 불평등이 당연하다고 말하려는 듯했다.

    마르크스주의자들은 진화심리학을 어떻게 생각할지 궁금해 검색하고 찾아보니 아니나 다를까 상당히 비판적이었다. 진화심리학이 인간의 행동이나 사회현상을 주로 진화적 적응의 결과로 설명하면서 마르크스주의자들이 중시하는 사회적·경제적 구조의 영향력을 과소평가한다고 본 것이다. 예컨대 이기심을 설명할 때 진화심리학은 그것을 인간 본성의 일부로 봤다. 생존과 번식을 위한 경쟁 과정에서 자기 이익을 우선시하는 심리적 경향이 유리하게 작용했고 그 결과 이기심이 인간에게 자연스러운 속성으로 자리 잡았다는 것이다. 반면 마르크스주의자들은 이기심이 자본주의 사회의 경쟁 구조 속에서 강화된 결과물이며, 특정한 사회적 조건 아래에서 만들어지고 조장되는 의식 형태라고 본다. 인간을 둘러싼 사회적 환경과 조건이 달라지면 이기심이 아닌 이타심이 발현될 수도 있다는 얘기다. 요약하자면 불평등한 사회구조로 인해 나타난 차별적 사고를 진화심리학은 마치 자연스러운 진화 과정에서 형성된 인간의 본성인 것처럼 여긴다는 비판이다.

근데 재밌는 부분은, 요즘 진화심리학 안에서도 다른 목소리가 커지고 있다는 거다. 마이클 토마셀로를 비롯해 여러 학자들이 이타성, 공감, 협력 등의 성질이 진화 과정에서 선택됐다는 연구를 내놓고 있다. 예를 들어 소규모 집단에서는 협력이 생존의 필수 조건이었다. 수렵채집 사회에서는 사냥·채집·육아·외부 위협 대응까지 혼자서는 절대 불가능했기에 신뢰와 협력이 없으면 공동체가 유지될 수 없었다. 그래서 타인을 돕고, 감정에 공감하고, 신뢰를 쌓고, 배려하는 행동이 집단 전체의 안정성과 생존률을 높이게 되었으며, 결국 이런 성향을 가진 사람들이 진화적으로 선택받았다는 것이다.

때로 양보하고 싶어도, 나서서 돕고 싶어도 그런 모습을 바보나 위선자처럼 취급하는 또래들의 시선이 불편했다. 이타심과 공동체성도 진화의 산물이며 생존과 번식에 크게 기여했다는 주장을 읽으며 조금은 더 용기를 내도 될 것 같았다. 나는 인간을 이기적인 존재라고만 보고 싶지 않다. 그런 생각이 우리를 더 그 틀에 가두려는 것 같다. 우리는 보려고 하는 것을 보게 된다. 마르크스주의 하나만 알게 되어도 세상이 온통 달라보이듯 말이다.

진화심리학이 생물학적 기원으로 인간의 본능을 통찰해 인간에 대한 이해에 깊이를 더해준다면, 마르크스주의는 그 본능이 구체적인 사회적 조건 속에서 어떻게 자극되고 왜곡되며 이데올로기적으로 정당화되는지를 날카롭게 비판해준다. 내게 이 두 시선은 적대적인 이론이라기보다는 인간이라는 복잡한 존재를 이해하기 위해 서로를 보완해주는 방법처럼 느껴진다. 인간은 진화의 산물이자 사회의 산물이기도 하니까.

3장

일단 먹고살아야 할 것 아니냐

그대의 존재가 적으면 적을수록,
그대의 삶을 덜 표출할수록,
그만큼 그대는 더 많이 소유하게 되고,
그만큼 그대의 소외된 삶은 더 커진다.

카를 마르크스, 『경제학·철학 수고』

세상일이란 한 치 앞도 알 수 없는 법이다. 두 번의 만남에서 쇤베르크의 무조음악 〈달에 홀린 피에로〉를 떠올릴 만큼 불협화음을 내었던 작가와 남자. 보름쯤 지난 토요일 저녁에는 무슨 일인지 만면에 웃음을 띠고 식탁에 마주 앉아 '에곤 뮐러 샤르초프베르거 리슬링 카비넷'을 한껏 탐닉한다. 한때 상자에 담겨 남자의 손에서 작가의 손으로 전해졌던 에곤 뮐러는 난데없이 잔에 따라져 두 사람의 구강으로 속절없이 자유낙하 하고 있다.

남자 아이고, 이거 작가님 덕분에 제가 한시름 놨습니다. 아니 글쎄, 우리 아이가 이번 방학에 국회의원 ○○○

	의원실에서 보좌관 체험 활동을 하길래 엄청 불안했다지 뭡니까. 하필이면 국회의원도 몇 명 없는 그 진보정당 의원실이더라고요. 얘가 혹시 마르크스에 빠져 현실 정치에까지 관심을 두나 노심초사했습니다.
작가	마침 의원실에 제가 아는 사람이 있어서 슬쩍 물어볼 수 있었죠.
남자	이거 뭐라고 감사의 말씀을 드려야 할지. 우리 애가 이렇게 의사 파업에 관심이 많을 줄은 몰랐네요.
작가	보좌관 체험 활동을 하면서 주로 의사 파업에 관한 자료를 집중적으로 수집해 정리했다고 하더라고요. ○○○ 의원이 국회 보건복지위원회 소속이거든요. 어쩌면 의료 파업이 주로 국회 보건복지위에서 다뤄진다는 사실을 알고 일부러 그 의원실에 지원한 건 아닌가 싶어요.
남자	맞아요. 우리 애가 참 야무지고 똑똑하거든요. 분명 미리 조사했을 거예요. 보좌관 체험을 하면서 의사 파업을 자세히 조사한 건 분명 의대 입시에 도움이 되겠죠?
작가	도움이 되는 정도가 아니죠. 한번 의대 입학사정관이나 면접관의 입장이 되어보세요. 국회의원 보좌관으

로 의사 파업에 대해 깊이 있게 조사한 고등학생이라니. 진정한 의미에서 창의적 체험 활동을 한 거죠. 이건 의사 개인의 시야를 넘어 거시적·정책적 차원에서 의료시스템을 들여다보는 거잖아요. 그야말로 타자랑 투수를 동시에 하는 오타니 같은 거죠. 완전히 미친 스펙, 치트 키 아닙니까, 치트 키! (잔을 들어 와인을 입에 털어 넣으며) 캬아! 그나저나 이 와인 참 끝내주네요.

남자 이야! 우리 아이가 의료계의 오타니가 되는 거군요. 이것 참! 하하! 그나저나 저는 작가님한테 항상 차분하게 마르크스주의 이론 설명만 듣다 보니 이렇게 유쾌하고 재밌는 분인 줄 몰랐어요.

작가 제가 심지어 마르크스의 『자본론』 강의를 하면서 청중들을 웃기는 사람입니다.

남자 아니! 그게 가능한가요? 아인슈타인의 상대성이론 강의하면서 사람 웃긴다는 얘기나 다름이 없잖아요.

작가 마르크스주의 책 써서 먹고사는 일이 만만치 않더라고요. 글과 말로 사람들을 웃기기라도 해야 간신히 생계가 유지됩니다.

남자 우리 작가님, 아주 능력 있는 분인데 아쉽게도 업종을 잘못 선택하셨어요. 제가 다 안타깝네. 어이구, 작가 작가 　　님 잔이 비었네요. 제가 따라 드릴게요.
작가 　　감사합니다. 역시 에곤 밀러는 세계 최고의 리슬링 생산자예요.
남자 　　이게 유명한 와인인가 보군요?
작가 　　유명하다마다요. 신맛과 단맛의 이 기가 막힌 조화와 밸런스를 느껴보세요. 조명 아래에서 잔을 스월링하면 황금빛 액체 표면이 마치 맑은 호수의 윤슬처럼 반짝입니다. 시각적으로도 미각적으로도 그야말로 대만족이에요.
남자 　　그렇게 좋은 와인인데 좋은 날 아내분하고 드시지, 왜 굳이 저랑?
작가 　　매번 이렇게 좋은 와인 가져오시는데 뭔가 미안하기도 하고, 그동안 만나면 딱딱한 얘기만 한 것 같아 준비해 봤습니다.

마르크스주의자가 사장을 돕는 이유

남자 　　그나저나 좀 의아한 부분이 있어요.
작가 　　뭔가요?

남자   솔직히 작가님은 마르크스주의자 아닙니까. 우리 애가 마르크스주의자가 되어 사회학과에 진학하는 게 작가님으로서는 더 나은 상황 아닌가요? 그런데 왜 굳이 저에게 협조적으로 나오시는지 아무리 생각해도 모르겠더라고요.

작가   (한참 에곤 뮐러 와인병을 바라보다가) 알코올 기운이 아니었다면 나오기 힘든 질문이네요.

남자   뭐, 그렇지요. 저도 맨정신에는 못 물어봤을 것 같네요.

작가   사실 제 부모님, 특히 어머니가 제가 의대 가기를 많이 바라셨어요.

남자   그랬군요.

작가   자식이 경제적으로 안정적인 직업을 가지고 존경받으면서 살길 원하신 거겠죠. 자식을 사랑하는 부모라면 어쩌면 당연한 생각이에요.

남자   저도 제 자식을 얼마나 사랑하는지 모릅니다! 캬!

작가   당시 저도 별다른 꿈이 없었던 데다가, 부모님이 저의 의대 진학을 원하시기도 했고, 의사가 되면 돈도 잘 벌고 주변으로부터 인정받는 사람이 되는 것 같아서 긍정적으로 생각하고 있었어요.

남자	호호. 마르크스주의자도 별수 없군요.
작가	안타깝게도 고등학생 때는 마르크스주의자가 아니었지요. 크크.
남자	지금이라도 늦지 않았어요. 빨리 자본주의자로 개종하셔야죠. 부동산 책도 쓰시고 재테크 책도 쓰시면 지금 우리가 마시는 이런 와인을 더 자주 드실 수 있잖아요.
작가	하하! 그 마음만 받겠습니다.
남자	그나저나 왜 의대는 진학 안 하셨나요? 아니, 못 하신 건가? 혹시 시험을 망쳐서?
작가	하하, 제 학력고사 점수가 우리 고등학교 역대 최고 점수였어요. 어디에 지원하든 합격하는 점수였습니다. 제가 의대 지원을 포기한 건 신체적 이유 때문이었어요.
남자	에? 사지 멀쩡하신데 그게 무슨 말인가요?
작가	사장님은 초록색 바탕에 빨간색 그림이 있으면 눈에 확 들어오죠?
남자	그럼요. 확연하게 구분되죠.
작가	적록색약을 지닌 사람은 사장님이 보는 것처럼 확연하게 대비가 되지는 않아요. 적색과 녹색을 구분할 수

	는 있지만 서로 보색이 아니거든요. 제가 바로 적록색약입니다.
남자	(매우 당황하며) 적록색약이면 의대를 못 가나요? 헉! 우리 애도 알아봐야겠네요.
작가	다행히 지금은 아무런 문제 없이 의대에 진학할 수 있어요. 하지만 제가 대학 진학하던 시절에는 적록색약이 있으면 신체검사에서 떨어졌어요. 부당한 차별이 있던 시절이죠. 그런데 어머니가 검사표를 외우면 어떻겠냐고 제안하시더군요. 그렇게라도 의대에 진학하기를 바라셨던 것 같아요.
남자	헉! 어머님이 저보다 훨씬 뜨거우신 것 같습니다.
작가	안 그래도 사장님을 보며 예전에 어머니가 하셨던 얘기가 많이 떠올랐어요.
남자	그러면 그 일이 떠올라서 저를 도와주시는 겁니까?
작가	그런 부분도 없지는 않지만, 그것보다는 자제분이 너무 달아오른 건 아닌지 우려스러운 부분도 있거든요.
남자	맞아요. 너무 갑작스러워 당황스럽다니까요. 사전에 예방주사를 안 맞아서 그런지….
작가	한 15년 전쯤 제가 경기도의 한 비평준화 고등학교에서 『자본론』 강연 요청을 받았어요. 독서 동아리를 지

도하는 선생님이 학생들에게 강의를 들려주려고 연락한 것이었죠. 비평준화 고등학교였고 학생들 이해력이 매우 좋은 편이었죠. 마침 당시 싸이월드라는 커뮤니티 서비스가 인기였어요.

남자 저도 기억납니다. 친구 맺고 방명록에 글 남기고.

작가 강의 마치고 집에 가서 컴퓨터를 켜고 여느 때처럼 싸이월드에 접속했는데 일촌 신청 팝업창이 뜨더라고요. 보니까 강의를 들었던 고등학생이 일촌 신청을 한 거예요. 그런데 일촌명이 무려 공산스승, 공산제자였어요.

남자 그러니까 작가님이 공산주의 스승이고, 자기는 공산주의 제자다 이건가요? 하하. 이거 무슨 시트콤에나 나올 상황이네요. 실화가요?

작가 네. 실화입니다. 한참 일촌명을 쳐다보며 망연자실했어요. 그렇다고 고등학생의 일촌 신청을 매몰차게 거절하기도 뭣해서 일촌명을 그냥 '친구'로 바꿔서 제가 다시 신청했지요.

남자 작가님 강의가 엄청나게 인상적이었나 봅니다.

작가 강사로서는 기분 좋은 일이지요. 다만 어른과는 다르게 스펀지가 물을 빨아들이듯 여과 없이 그대로 흡수

하니 좀 당혹스럽더라고요. 아무튼 그렇게 일촌이 됐는데, 하루는 그 학생이 제 미니홈피에 비밀 방명록으로 메시지를 남긴 거예요.

남자 어이구. 뭐랍디까?

작가 그날 강의를 들은 후 사회문제에 대해서 진지하게 고민하게 됐고, 그러다 보니 당장 해야 할 공부가 손에 안 잡힌다는 내용이었어요. 식겁한 저는 "우선 공부를 열심히 하고 그런 문제는 대학에 가서 고민하면 어떻겠느냐"라는 판에 박힌 답글을 남길 수밖에 없었죠. 다행히 나중에 그 학생이 학교 시험을 잘 봤다는 글을 남겨 한숨 놨죠. 이후로 중학생이나 고등학생을 대상으로 강연할 때는 발언 하나하나를 더욱 조심합니다. 특히 공부 열심히 하라는 말은 꼭 빼먹지 않고요. 제가 강의하면서 할 수 있는 일이라고는 이렇게 세상을 보는 방식도 있다는 것을 소개하는 정도지 그 이상은 주제넘은 짓이니까요.

남자 우리 애를 보니까 그때 그 고등학생이 생각났다, 이겁니까?

작가 맞습니다. 차분하게 마음을 가라앉히고 천천히 고민해도 괜찮을 것 같은데, 너무 조급하게 진로를 결정하

남자	려는 것 같아서요. 솔직히 마르크스주의자라고 해서 꼭 사회학을 전공할 필요는 없거든요.
남자	맞아요! 우리 작가님, 정말 오늘 멋지시네! 멋쟁이!
작가	저도 자식을 둘이나 키우고 있는데 어떻게 사장님의 고충을 모르겠습니까. 그저 자식 잘되는 게 제일이죠.

자식이 잘되기를 바라는 아비의 마음으로 남자와 작가는 의기투합하고 있지만 '잘된다'라는 단어는 그 추상성으로 인해 다양한 해석이 가능하다는 점을 간과해서는 안 된다. 남자와 작가 사이의 일시적 동맹은 이 작은 문구의 해석 방향을 놓고도 깨질 수 있는 취약성을 내포하고 있다. 적당히 취기가 오른 화기애애한 분위기로 가려져 있지만, 혈중알코올농도가 상승해 페르소나를 벗어던지고 맨얼굴로 마주하면 예측불허의 상황으로 흐를 가능성을 배제할 수는 없다. 그리고.

자본주의자가 돈만 믿는 이유

남자	작가님, 이거 제가 취해서 하는 얘기 아닙니다. 진짜 하나도 안 취했어요.

| 작가 | 아이고, 알지요. 저도 이렇게 멀쩡합니다.
| 남자 | 작가님은 사람이 너무 순진합니다. 착해빠졌어요.
| 작가 | 무슨 말씀인가요?
| 남자 | 작가님은 책 쓰고 강의하시는 게 일이니, 아무래도 만나는 사람들이 대체로 교양 있고 좋은 사람일 것이란 말입니다. 그러니까 인간 본성이 이타적이라니 어쩌니 말할 수 있는 거예요.
| 작가 | ….
| 남자 | 저는요. 사업하면서 오만 군상들을 다 봤어요. 더러운 놈, 치사한 놈, 뒤통수 치는 놈, 개같은 놈. 물론 좋은 사람도 있어요. 저도 그런 사람들 알긴 알아요. 근데 그거 알아요? 내가 사업 어려울 때는 전화 한 통 없던 놈들이 좀 잘 되니까 어떻게 알고 돈 좀 빌려달라고 연락을 해대요, 연락을! 내가 걔들한테 좋은 생각이 들겠어요? 그저 믿을 건 내 돈밖에 없다 이겁니다. 돈만은 날 배신하지 않아요.
| 작가 | 음, 돌이켜 보면 저는 꽤 인복이 많은 편인 건 맞아요. 저한테 연락하고 뭔가를 제안하는 사람 대부분이 좋은 사람이었거든요. 왜 이렇게 운이 좋을까 생각해 봤는데, 내가 사회주의자이기 때문이라는 결론에 다다

"불안하지 않냐고요? 솔직히 가족보다는 인덱스 펀드가 믿을만하죠."

      랐어요.

남자   아니, 사회주의자인 게 인복이랑 도대체 무슨 상관이 있습니까?

작가   이 레드콤플렉스로 가득한 분단국가 대한민국에서 사회주의자인 저와 작업하기를 원하는 출판사 편집자는 과연 어떤 사람이겠어요? 책 판매량에 연연하기보다는 설사 2쇄조차 찍지 못하는 한이 있더라도 세상에 빛과 소금이 될 책을 내겠다는 신념을 지닌 사람인 겁니다. 생각해 보세요. 그런 편집자가 나쁜 사람일 리가 없잖아요. 김영란법 대상과는 거리가 먼, 이 먹잘

남자	것없는 사람에게 굳이 연락하고 함께 뭔가 도모하자고 제안하는 사람이라니. 그저 반갑고 고마울 뿐이죠. 그러니까 작가님은 돈도 없고 권력도 없다 보니 정말 순수하게 작가님이 가진 사상에 공감하는 사람만 연락한다 이 말 아닙니까. 정말 꿈보다 해몽이네요! 엄청난 정신 승리입니다. 도대체 연락은 많이 온답니까? 그런 사람들하고만 교류하시니 현실감각이 떨어지는 겁니다. (안경을 벗고 세수를 하듯 두 손으로 얼굴을 비비며) 저는 사업 초반에 친구랑 동업을 시작했는데….
작가	무슨 일이 있으셨나 보군요.
남자	아주 끝내주는 일이 있었죠. 믿었던 친구가 결국 저를 배신하고 회사 자금을 싹 들고 사라졌어요. 그 일로 사람에 대한 신뢰가 무너졌어요.
작가	….
남자	대학 시절부터 절친했던 녀석이었죠. 아니에요! 개같은 놈이에요, 개같은 놈! 아이고 오히려 개한테 미안하네! 같이 창업하자고 그 녀석이 먼저 제안했을 때도 의심 한 점 없이 받아들였어요. 굳게 믿었으니까요. 둘 다 야심 차게 아이디어를 내고 밤낮없이 일했습니다. 그때만큼 열심히 살아본 적이 없는 것 같아요. 저

는 주로 영업을 맡고, 그 친구는 재무를 담당했어요. 서로의 강점을 믿고 의지했죠. 하지만 언젠가부터 재무 관련 서류들이 제대로 정리되지 않거나, 중요한 결정을 저에게 알리지 않고 은근슬쩍 혼자 내리곤 하는 거예요. 제가 물어보면 항상 바쁘다며 나중에 얘기하자고 피하더군요. 그래도 친구니까 믿어야지 하고 넘어갔어요. 내가 날짜도 기억나요. 7월 7일이에요. 비가 억수같이 쏟아졌거든요. 거래처에서 결제가 이루어지지 않았다는 연락이 온 거예요. 이상해서 회사 계좌를 확인해 보니 잔고가 바닥난 겁니다. 깜짝 놀라서 친구에게 전화했는데 아무리 걸어도 안 받는 거예요. 집에도 찾아가 봤지만 이미 이사를 간 후였고요. 그 앞에서 비 쫄딱 맞으면서 수십 분 동안 그냥 서 있었어요. 내가 칠칠맞지 못한 놈이었던 거예요. 친구라고 철석같이 믿은 내가 등신이지. 이런데 사람을 어떻게 믿겠습니까? 난 이제 그 시절의 풋내기가 아니에요. (잔에 남은 와인을 원샷하며) 나는 내 돈만 믿어요. 내 돈만!

작가 아이고, 무슨 술을 물처럼 드십니까. 무려 에곤 뮐러인데.

남자	에곤 뮐러인지 니미럴인지 입에 들어가면 어차피 오줌 되고 똥 되는 것 매한가지 아닌가요. 크크. 어이구, 병이 비었네. 벌써 다 마셨어? (기다란 상자에서 와인을 꺼내며) 이 와인은 좋은 겁니까? 작가님 드리려고 가져왔는데, 그냥 지금 같이 마시면 안 될까요?
작가	(눈이 동그래지면서) 오! 오퍼스 원 아닙니까!
남자	작가님 반응을 보니 제가 제대로 들고 온 모양이군요! <u>크크크</u>.
작가	애호가들이 선망하는 꿈의 와인이지요. 카베르네 소비뇽 품종을 베이스로 해서 만든 미국 나파 밸리의 와인인데, 프랑스의 샤토 무통 로트칠드사와 미국의 로버트 몬다비사가 합작해서 만들었어요. 마트 와인 장터에서 오퍼스 원이 할인가로 나오면 애호가들이 득템하려고 새벽부터 줄을 섭니다.
남자	혹시 작가님도 줄 선 것 아닌가요?
작가	이 와인은 할인가로 나와도 비싸서, 저는 호주머니 사정 때문에….
남자	작가님. 돈을 믿어보세요. 돈을 추앙하세요. 그러면 오퍼스 원도 편하게 사서 드실 수 있어요.
작가	(한숨을 푹 쉬며) 여기 오퍼스 원 라벨에 그려져 있는 두

	사람의 얼굴 보이시나요?
남자	이게 사람 얼굴이었군요? 자세히 안 봐서 몰랐습니다.
작가	서로 등지고 완전히 반대편을 보고 있는 것이 저와 사장님 같다는 생각이 드네요.
남자	….
작가	저도 돈을 좋아합니다. 왜 싫어하겠어요. 돈이 있으면 여러 가지로 편하죠. 다만 제가 근사한 집에서 살고 싶은 욕구나 고급 와인을 마시고 싶은 욕구를 억지로 참아가면서, 고행을 사서 하는 수도승이나 승려처럼 스스로 채찍질하며 마르크스주의자로 살고 있는 건 아니라는 점을 아셨으면 좋겠습니다.
남자	그런가요? 저는 작가님처럼 살면 욕구불만으로 병날 것 같은데요.
작가	제가 사장님과 처음 만났을 때 마르크스의 『자본론』을 읽고 처음으로 지식에 대한 강렬한 취향이 생겼다고 했던 얘기를 기억하시나요?
남자	그래요. 우리 애가 그 초기 단계라고 하셨죠.
작가	생각해 보세요. **취향이 바뀌면 자연스럽게 욕망도 바뀝니다.** 음식 취향이 바뀌면 이전과는 다른 음식을 먹고 싶고, 옷 취향이 바뀌면 이전과 다른 옷을 입고 싶

	어지지요. 마찬가지로 삶의 취향이 바뀌면 이전과는 다르게 살고 싶어지거든요.
남자	그러니까 저와 작가님은 삶의 취향이 달라 욕망하는 바가 다르다는 얘기입니까?
작가	그런 셈이죠. 게다가 자본주의에서는 대다수 사람의 삶과 욕망이 자본의 이익에 맞춰 몰개성화되고 규격화되는 경향이 있어요.
남자	아니! 삶과 욕망이 규격화된다는 게 도대체 무슨 의미죠? 사람마다 원하는 게 다 다를 텐데.

자유롭게 똑같은 삶을 추구하다

작가	제가 2009년에 신혼여행으로 유럽에 가서 오스트리아 빈의 미술사박물관을 방문했는데요. 우연히 14세기~15세기의 그림과 조각을 모아놓은 전시실에 들어갔습니다. 거기 전시된 미술품을 보고 무척 놀랐습니다. 소재가 약속이나 한 듯 똑같았기 때문이었어요.
남자	무엇이던가요?
작가	기독교 일색이지 뭡니까. 예수, 성모 마리아 등 성서

에 등장하는 인물과 순교한 성인들에 관한 내용뿐이더라고요. 종교 미술 전시실인지 다시 확인했지만 분명 일반 전시실이었어요. 그림이나 조각의 소재로 삼을 거리가 차고 넘쳤을 텐데, 그 시절 서양에서는 예술가 대부분이 종교에 관련된 그림이나 조각을 주로 제작했습니다.

남자 아무래도 그 당시 유럽에서는 기독교가 대세였으니 그렇지 않았겠습니까? 교회에서 예술가들에게 그림을 많이 주문했겠지요.

작가 그렇습니다. 게다가 그 시기 기독교는 사실상 사회를 규제하는 법이나 다름없었지요. 기독교 자체가 지배 계급의 통치 이념이었으니까요. 사실상 사회가 기독교 일색으로 몰개성화되고 규격화됐습니다. 그러한 영향력이 미술이라는 장르에서도 드러난 것이죠.

남자 그러면 자본주의도 사실상 그때와 다르지 않다는 건가요?

작가 그렇습니다. 지난번에 물신주의에 대해 설명했던 내용 기억하시나요?

남자 거 뭐 자본주의에서는 물질, 그러니까 돈이 신이 됐다는 그런 얘기 아니었나요?

작가 맞습니다. 자본주의에서는 돈이 신처럼 숭배되죠. 돈이 전지전능하다고 여겨지니까요. 그렇게 자본을 축적하고 이윤을 극대화하는 게 최고의 가치가 되면서, 사회의 모든 가치와 기준이 이 돈이라는 신을 중심으로 돌아갑니다. 사람들의 욕망도 자연스럽게 자본의 논리에 맞춰 규격화되고 몰개성화됩니다.

남자 그러니까 도대체 그런 현상이 구체적으로 어떻게 일어나는 겁니까? 안 그래도 지금 혈중알코올농도가 상승 중이라 머리가 잘 안 돌아가요.

작가 (머리를 가로저으며) 저도 머리가 잘 안 돌아가서 말이 바로바로 안 나오네요. 아무튼 그 핵심 역할을 하는 것이 바로 대량생산 체제입니다. 대량생산 체제는 말 그대로 다량의 제품을 짧은 시간에 만들어내는 시스템이죠. 그러기 위해서는 제품과 사용되는 부품이 규격화되어야 합니다. 크기와 형태가 제멋대로인 제품을 대량으로 생산하기란 거의 불가능하니까요. 동일한 부품과 재료를 사용해 일관된 공정을 거쳐야 생산 속도를 극대화할 수 있습니다. 규격화된 대량생산을 통해 효율적으로 비용을 줄이고 이윤을 극대화할 수 있으니 자본가로서는 이 방식을 선호할 수밖에 없지요.

남자   그건 확실히 그래요. 사장인 제가 그 누구보다도 잘 알지요. 만들 때마다 사람 손이 많이 가는 건 절대 돈 못 벌어요.

작가   앞서 얘기했다시피 중세 유럽에서는 기독교가 돈과 권력을 틀어쥔 지배 계급의 사상이었습니다. 사람들은 주기적으로 예배당에 가서 미사를 드리고 교리 공부를 하며 기독교적 가치를 내재화하고 세계관으로 받아들였어요. 그러니 그림을 그려도 음악을 작곡해도 무의식적으로 종교적인 내용을 담게 되는 거죠.

남자   그러면 자본주의 사회에서도 미사나 교리 공부 같은 역할을 하는 게 있다는 얘깁니까? 그래서 취향이나 욕망을 획일화시킨다는 거예요?

작가   자본주의에서는 광고와 미디어가 그 역할을 하고 있죠. 크기도 형태도 똑같은, 대량생산된 제품을 판매하기 위해서는 대중들의 취향과 욕망을 일정한 방향으로 몰아가야 합니다. 자본가 계급은 다양한 매체를 활용해 자신의 상품을 구매하도록 끊임없이 대중을 설득하고 심지어 세뇌하죠. 그 상품을 구매해야만 뭔가 제대로 된 인생을 사는 듯하고, 남들과 비교해도 뒤처지지 않은 것처럼 여기게 됩니다.

남자   거, 듣는 자본가 아주 불편하네요. 제품을 광고하는 게 대중을 세뇌해서 뭐 이상한 물건을 팔아먹는 행위인가요? 좋은 서비스나 상품을 만들었으면 알리지 않는 것도 무책임한 겁니다!

작가   (다소 목소리 톤을 높이며) 에휴! 제가 지금 사장님 개인을 비판하는 게 아니지 않습니까. 제가 자본가가 죄다 나쁜 사람이라고 하는 게 아니잖아요. 서양 중세 교회에서도 고아를 돌보고 가난한 사람을 돕기도 했어요. 기독교의 교황이나 사제들이 '나는 저 어리석은 중생들을 속여서 나의 이득을 챙겨야겠어'라고 생각했겠습니까? 하지만 그런 개인의 선의와는 별개로 당시 기독교라는 종교가 사회적으로 했던 역할이 그렇다는 점을 말하는 것 아닙니까!

남자   어이쿠. 작가님이 이렇게 목소리 높이는 일도 다 있군요?

작가   후, 미안합니다. 저도 좀 취기가 오른 것 같네요.

남자   뭐 저도 피차일반이니 신경 안 쓰셔도 됩니다. 쪼끔 알딸딸하네요. 뭐 괜찮습니다!

작가   이 스마트폰을 보세요. 요즘엔 해마다 새로운 모델이 출시되지만, 실제 기능 차이는 크지 않아요. 그러함에도 불구하고 최신 모델을 사용하지 않으면 스스로가 마치 뒤처진 사람처럼 느껴지게 됩니다. 광고에서는 더 나은 카메라, 더 빠른 속도, 더 새로운 디자인을 강조하면서 이 제품이 있어야 멋진 삶을 사는 것처럼 분위기를 몰고 가요. 그러다 보니 멀쩡히 잘 작동하는 기기를 두고도 불안감에 휩싸여 새로운 기기를 구매하게 됩니다. 또 패션 브랜드를 보세요. 매년 새로운 시즌과 트렌드를 만들어내어 아직 흠 하나 없는 옷들이 낡고 뒤떨어졌다고 느끼게 만들죠. '클래식'한 스타일조차 조금씩 다르게 만들어서 해마다 구매를 유도합니다. 그렇게 자꾸 옷장을 새로 채우지 않으면 뭔가 부족하고 덜 세련된 사람으로 여겨질까 봐 불안감에 사로잡히게 돼요. 자동차도 마찬가지죠. 미디어에서는 고급 차량을 소유한 이가 성공하고 세련된 모습으로 그려져요. 그 때문에 대중은 특정한 브랜드나 모델의 차는 타야 사회적으로 초라해 보이지 않는다는 내면적 압박을 느끼게 됩니다. 그러니까 이런 일련의 과정들을 통해 자본주의 사회는 대중의 욕망을 표준화하고, 그 방향으로 몰아가는 거예요. '이걸 가져야 제대로 된 인생을 사는 거다', '이것 없으면 뒤처진다'라는 식으로 말이죠. 이러한 과정에서 사람들은 자신이 개별적인 선택을 하고 있다고 느껴도 사실상 같은 제품, 같은 패션, 같은 라이프스타일을 공유하게 되는 경우가 많습니다. 자본가들은 대량생산한 상품을 성공적으로 판매해 큰 부를 축적하게 되고요. 요컨대 **내가 가진 욕망이 과연 순수하게 나 자신의 욕망인지, 아니면 타인의 욕망을 욕망하고 있는 것인지 돌아볼 필요가 있다는 것입니다.**

남자 작가님, 작가님! 무슨 말씀인지는 알겠는데요. 작가님은 너무 세상을 부정적으로만 보는 것 같아요. 지금 사용하시는 스마트폰이 말이에요. 규격화되어 대량생산이 가능하니까 그 가격에 살 수 있는 거지, 안 그러면 작가님 형편으론 도저히 살 수 없는 물건이 될 겁니다. 자본주의의 꿀을 빨면서 그렇게 부정적인 얘기만 하시면, 이 자본가는 너무나 섭섭하네요.

작가 맞습니다. 스마트폰 같은 제품이 대량생산으로 인해 더 많은 사람이 접근할 수 있게 된 건 사실이에요. 말씀대로 저 역시 그 혜택을 보고 있죠. 하지만 그 대량생산의 이면에는 또 다른 큰 문제가 있어요. 바로 자본주의의 대량생산 시스템에서 노동자의 노동도 마치 부품처럼 규격화되고 있다는 점입니다.

프랑크푸르트학파를 대표하는 철학자 막스 호르크하이머(좌)와 테오도르 아도르노(우)는 마르크스 이론을 토대로 자본주의 문화를 새로이 분석했다. 그들은 현대 대중문화 산업이 사람들의 욕망을 조작하고 규격화해 자본주의의 질서에 순응하게 만들면서도 그것을 '선택의 자유'처럼 느끼게 만든다는 점을 날카롭게 지적했다.

남자   또 규격화인가요? 맞춤 양복이 얼마나 비싼지 아십니까? 규격화한 기성복이니까 싼 거 아니에요.

작가   저는 맞춤 양복이 없어서….

남자   하하. 그러면서 규격화를 그렇게 비판하시면 어떡하나요?

작가   그래도 비판할 점이 있다면 해야 하지 않겠어요? 시를 잘 쓴다는 이유만으로 친일 행위를 옹호할 수는 없듯이 말이에요.

남자   아이고, 무슨 그런 살벌한 비유를….

먹고살기 위해서만 일한다는 비극

작가 아시다시피 생산 공정이 기계화되고 자동화되면서 그 기계의 작동 리듬에 맞춰 인간의 노동은 단순화되고 반복적으로 되고 규격화됩니다. 마치 기계의 일부처럼 되는 거죠. 이런 상황에서는 노동자는 더 이상 자신이 무언가를 '창조'하거나 '기여'하고 있다는 느낌을 받기 어려워집니다. 장인이 직접 물건을 만들 때는 자기 손을 거쳐 나온 제품이 완성되는 과정을 보며 자부심을 느낄 수 있죠. 그러나 지금의 공장 노동자들은 수많은 부품 중 하나를 만들거나, 특정 공정을 반복할 뿐이에요. 그 결과, 자신이 하는 일에 대한 보람을 잃어버리고, 그저 생계를 위한 수단으로만 노동을 바라보게 되는 거예요. 일은 더 이상 사회에 기여하는 의미 있는 활동이 아니라, 그저 돈을 벌기 위한 수단으로 여기게 되는 거예요.

남자 아이고, 작가님. 지금 그런 일 하는 사람보다 서비스업에 종사하는 사람이 훨씬 많아요. 도대체 어느 시절 얘기를 하는 겁니까?

작가 서비스업 노동자의 상황도 다르지 않습니다. 제조업 노동자가 기계의 리듬에 맞춰 움직이듯이, 서비스업 노동자도 고객 응대 매뉴얼과 회사 방침에 맞춰 정해진 멘트, 표정, 목소리 톤까지 규격화된 방식에 맞춰야 합니다. 노동자는 대상이 누구든 상관없이 그저 회사가 요구하는 태도를 실행할 뿐입니다. 고객과의 만남이 **서비스 제공 행위**로 환원되는 순간, 노동자는 자신의 감정과 인간성으로부터 멀어지게 됩니다. 피곤하거나 화가 나는 상황에서도 필사적으로 미소를 지어야 하고, 무례한 고객에게도 친절을 팔아야 하죠. 웃음과 친절은 돈을 벌기 위한 수단으로 전락하고, 형식적 교류만 남은 자리에는 공허함이 찾아옵니다.

남자 그게 뭐 어때서요? 솔직히 다 돈 벌자고 하는 일이죠. 무슨 노동이 대단한 벼슬이라도 됩니까? 과도한 의미 부여도 좀 이상해 보일 수 있어요. 나도 그렇고, 다들 그렇게 사는 거지.

작가 물론 사장님도 돈 벌려고 회사 운영하시겠죠. 하지만 고객들이 상품 좋다고 후기 남기고, 직원들이 직장에 만족하면 보람을 느끼시잖아요?

남자 그러면, 본인들도 나처럼 보람을 느끼든가.

작가 아이고, 사장님은 회사가 잘 되면 부자가 되지만, 노

　　　　동자들은 그냥 월급 받잖아요. 게다가 노동의 의미마
　　　　저 느끼지 못하는 상황이니 무기력해지는 거죠.
남자　　….
작가　　노동의 '의미'가 얼마나 중요한지 연구한 사례는 많습
　　　　니다.
　　　　콜센터를 대상으로 한 실험이 하나 떠오르네요. 대학
　　　　장학기금 콜센터 아르바이트 직원들을 두 집단으로
　　　　나누고, 그중 한 집단에게만 한 장학생을 불러 그 장학
　　　　금이 얼마나 큰 힘이 되었는지 들려주었죠. 겨우 5분
　　　　이었어요. 그런데 실험 집단의 기부금 유치액이 두 배
　　　　씩 증가했고, 심지어 효과가 지속되었어요.
남자　　그 실험의 친구들은 아르바이트일 뿐이잖아요? 하지
　　　　만 청소부로 생계를 꾸리면서 자부심 느낄 수 있겠어
　　　　요?
작가　　청소가 왜 의미 없는 일인가요? 생활 환경을 깨끗하게
　　　　유지하는 일인데 얼마나 중요합니까. 맘잡고 집 청소
　　　　를 하고 나면 얼마나 상쾌하고 보람을 느끼는데요.
남자　　그 얘기가 아니잖아요. 난 직업 청소부를 얘기하고 있
　　　　어요.
작가　　청소부 얘기를 하시니 『자본론』 학습 모임에 왔던 그

3장 일단 먹고살아야 할 것 아니냐　179

탈북자가 들려줬던 이야기가 기억나네요.

남자 뭐, 북한에서는 청소부가 떼돈 번답디까?

작가 거기서는 자기들이 사용하는 공간이나 건물은 그 사용자들이 함께 청소한다고 하더라고요. 우리도 어릴 때 교실 청소를 직접 했잖아요. 왁스 칠을 하고 대걸레로 닦고.

남자 어릴 땐 그랬죠, 거긴 어른들까지 그러나요?

작가 아파트 주민들이 스스로 조를 짜서 돌아가며 청소하고 직장인들도 비슷하게 자신의 일터를 청소하는 것 같더라고요. 그래서 남한처럼 청소를 전문적으로 하는 인력이 많지는 않더군요. 물론 도로나 공원 같은 특수한 공간에는 청소를 전담하는 분들이 있기는 한데요. 어쨌든 누군가에게 청소 일을 전담시키는 방식은 사회주의적 가치관으로는 바람직하지 않다고 보는 듯하더군요. 힘들고 어려운 일일수록 십시일반으로 한다는 거죠. 자본주의와는 접근 방법이 다르죠.

남자 그렇게 북한이 좋으면 북한에 가시면 되지 않나요? 사회주의 북한 아주 좋네요. 그래서 그렇게나 가난하답니까.

작가 오늘따라 참 왜 그러십니까. 제가 지금 북한 찬양하려고 이런 얘기를 하나요. 자본주의와 사회주의의 직업 문화 차이를 설명하려고 하는 거 아닙니까. 저는 북한보다 대한민국이 좋아요. 여기서 태어나 자랐고 제가 아는 사람들도 다 여기 있어요. 저는 제 나라를 더욱 살기 좋은 곳으로 만들고 싶어서 마르크스주의자가 된 거예요. 지금의 대한민국보다 미래의 대한민국이 더 살기 좋은 곳이 되어야 하지 않겠습니까. 지금 이대로가 정말 최선인가요? 그런데 사장님은 마치 태극기 집회 사람들처럼 '북한 가서 살라'라고 하니 참담한 마음입니다.

남자 아이고, 이제 술은 더 안 마셔야 할 것 같습니다. 그런 식으로 얘기한 건 뭐 미안하게 생각합니다. 저도 태극기 집회 안 좋아해요. 내가 그렇게 꽉 막힌 사람은 아니에요.

작가 예전에도 얘기했지만, 다른 사람의 노동이 있기에 우리는 옷을 입고 음식을 먹으며 스마트폰을 사용할 수 있어요. 내가 지금과 같은 삶을 살 수 있는 건 다른 누군가의 노동 덕분입니다. 이 얼마나 고마운 일인가요? 물론 다른 사람들도 나의 노동 덕을 보겠고요. 이렇듯 우리는 다른 사람의 도움이 없다면 한순간도 제

"그래서 언제부터 노동의 결실에서 소외되었다고 느끼기 시작했습니까?"

대로 살 수 없는 존재입니다. 그런데 이런 노동은 보지 않고 왜 자꾸 돈만 얘기하시는지….

남자 우리가 자본주의에서 살고 있으니까 그렇지요. 여기서는 그게 룰이에요, 룰!

작가 부작용이 많은 룰이라면 고쳐야 하지 않겠어요? **자본주의 시스템에서는 사람과 사람의 만남, 감정, 노동 과정 일체가 '기업의 이윤 추구'라는 목적에 종속되어 본래 지닌 사회적 의미와 가치는 지워집니다.** 오직 돈을 매개로 한 효율과 성과만 남게 되지요. 노동자는 자신이 사회에 기여한다는 감각을 잃고, 노동은 단지 생계 유지의 수단으로 전락합니다. 사람들은 일에서 보람과 의미를 느끼지 못하게 되지요. 이것이 마르크스가 얘기한 **노동 소외**의 핵심이에요. 노동이 단순한 생계 수단으로만 남는 순간, 우리는 삶의 중요한 일부를 잃어버립니다. 그래서 노동의 의미를 되찾는 것은 개인의 행복뿐 아니라 사회의 건강을 위해서도 꼭 필요한 일이에요.

남자 참 피곤하게 사시네요. 그냥 인생은 단순하게 사는 게 편해요. 다른 사람의 노동이요? 그냥 제값을 주고 샀다고 생각하면 편해요. 제가 돈 주고 산 이 와인처럼 말이죠. 작가님 덕분에 제가 요즘 와인에 관심이 좀 생깁니다요. 이것 참 맛있어요!

작가 그동안 저랑 적지 않게 대화하셨는데, 마르크스나 사회주의에는 관심이 좀 안 생기시나요?

남자 뭐 제가 그동안 생각 못 해봤던 부분에 대해 지식과 깨달음을 주는 면이 없지는 않습니다. 그건 인정해요. 하지만 지금 당장은 현실감 없는 얘기라고 봅니다. 솔직히 제가 작가님 얘기를 계속 듣는 이유는, 내 자식의 생각을 이해하고 싶어서가 가장 커요.

돈으로 살 수 있는 가장 귀한 것

　　　　남자의 얘기를 들으며 가만히 와인병을 쳐다보던 작가는 문득 자리에서 일어서더니 자기 집에서 가장 이질적 물건인 그랜드피아노로 다가가 건반 뚜껑을 연다. 작가의 호주머니 사정에 전혀 어울리지 않는 물건이 거실에 덩그러니 놓여 있는 게 전부터 신경 쓰였던 남자는 혈관을 타고 흐르는 알코올 기운을 억누르며 무슨 일이 일어날지 주의 깊게 살핀다. 피아노 의자에 앉은 작가는 하얀 이빨처럼 드러난 건반을 망설임 없이 누르기 시작한다. 그렇게 6분 정도 시간이 흐르고.

남자　(진심 어린 박수를 보내며) 이거 완전히 반전 매력입니다. 저는 그랜드 피아노가 있길래 자제분이 음악을 전공하나 했는데, 작가님이 연주할 줄은 꿈에도 몰랐네요. 그나저나 연주하신 곡이 어디선가 들어본 적이 있는 멜로디인데….

작가　맛있는 와인도 마시고 있는데, 분위기가 애매한 것 같아 연주해 봤습니다. 취기가 있어서 몇 군데 틀렸네요. 요하네스 브람스가 환갑이 넘어 작곡한 〈인테르메조 Op.118 No.2〉예요. 아마도 드라마 〈밀회〉나 영

	화 〈색,계〉에서 접하셨겠죠.
남자	이렇게 들어도 느낌이 아주 애절한데요. 피아노 연주를 하면 가족이 좋아하겠어요.
작가	아니요. 지겹다고 이제 좀 그만 치라고 합니다. 크크.
남자	아내나 아이들이 음악을 별로 안 좋아하나요?
작가	아니에요. 음악 좋아해요. 다만 사장님은 제 연습의 결과물만 들었고, 우리 가족은 제가 연습하는 과정을 내내 듣는다는 차이가 있지요.
남자	하하하! 무슨 말인지 이해했습니다.
작가	제가 이렇게 치게 되기까지 얼마나 소음을 많이 냈겠어요?
남자	그렇겠네요. 갑자기 가족이 안쓰럽게 느껴집니다.
작가	하하. 그렇게 안쓰러울 정도는 아닌 것 같은데. 흠, 다만 아무리 하루에 한 시간씩 꾸준히 연습하더라도 예술고등학교에 다니는 학생 수준에조차 미치기 어려울 거라는 건 부인할 수 없는 사실이죠. 그런 주제에 이 집으로 이사 올 때 주택담보대출 받은 돈으로 중고 그랜드피아노를 덜컥 샀네요. 업라이트피아노랑 확실히 소리가 다르더라고요. 충동적으로 구매를….
남자	아주 본격적이시네요. 집에서 혼자 연습하시는 거예요?

작가   집에서 가까운 성인 피아노학원을 다녀요. 매달 다니는 건 아니고 몇 달 쉬었다가 다시 등록하는 식으로.

남자   흠, 그렇게 연습한다고 프로가 되어서 티켓 팔아 돈을 벌 수 있는 것도 아닐 테고. 오히려 연습하는 시간 들고 학원 다니느라 돈 들고 이래저래 밑지는 장사 아닌가요. 작가님 나이가 50대인데 차라리 그 시간에 돈 되는 글이라도 한 편 더 쓰는 게 낫지 않을까요?

작가   확실히 자본주의적 관점에서 보자면 저는 어리석은 행동을 하는 것일지도 모릅니다.

남자   그러게요. 차라리 그랜드피아노 살 돈이랑 레슨 받으러 다닐 돈으로 저기 다 뜯어진 소파하고 가구들을 좀 바꾸시지 그랬어요. 가만히 보면 돈 쓰는 방식이 저랑 참 많이 다릅니다.

작가   그렇게 얘기하시니 문득 소비 행위를 연구한 논문이 하나 떠오르네요.

남자   오! 뭔가요? 소비자의 지갑을 활짝 여는 비법 같은 건가요? 그런 거라면 언제든지 경청할 준비가 되어 있어요.

작가   하하. 참으로 일관되시네요. 그런 걸 기대하셨다면 실망하실지도 모르겠는데요. 저한테는 무척 인상적인

	내용이었어요. 리프 밴 보븐과 토마스 길로비치라는 두 학자가 2003년에 발표한 〈체험이냐, 소유냐? 그것이 문제로다〉라는 논문이에요.
남자	셰익스피어가 쓴 〈햄릿〉에 나오는 '사느냐 죽느냐 그것이 문제로다'라는 대사를 패러디한 건가요?
작가	맞습니다. 연구진은 소비의 유형을 소유형 소비와 체험형 소비로 구분했어요. 소유형 소비는 에르메스 가방, 한정판 운동화, 포르쉐 자동차 같은 상품을 사는 소비를 얘기하고, 체험형 소비는 제주도나 홋카이도로 여행을 간다든지 악기를 배운다든지 독서한다든지 이런 식의 소비를 가리킵니다. 1000명이 넘는 사람들에게 설문조사를 했어요. '소유형 소비와 체험형 소비 중 어느 쪽이 더 당신을 행복하게 했습니까?'라고 질문했는데, 결과는 어땠으리라고 예상하시나요?
남자	음, 잘 모르겠네요.
작가	체험형 소비 쪽이 훨씬 높게 나왔어요. 당연한 결과죠.
남자	왜 당연한가요?
작가	생각해 보세요. 오랜만에 대학 동창들 만나서 술을 마시며 회포를 푸는데, 갑자기 한 친구가 이렇게 말합니다. '얘들아, 기억나냐? 나 대학교 3학년 때 위아래로

"자유란 모두 똑같은 운동화를 원한다는 거죠."

300만 원 대의 아르마니 정장을 소유했었잖아.' 동창들이 그 친구를 부러워할까요?

남자 음, 그 말을 한 친구가 전문가의 상담이 시급한 상황 같은데요.

작가 하하. 그렇죠. 이번에는 다른 친구가 대학 시절 얘기를 꺼냅니다. '야. 너희 기억나냐? 내가 대학교 2학년 때 말이야. 아내랑 연애하던 시절에, 방학 동안 함께 이탈리아 여행 가기로 작당하고 아르바이트해서 각자 300만 원씩 모으기로 했거든. 그런데 200만 원밖에 못 모아서 100만 원은 대출받아서 이탈리아 일주 여행을 다녀왔잖아.' 어떤가요? 똑같은 300만 원인데,

아르마니 정장과 느낌이 비슷한가요?

남자 음, 이탈리아 여행은 좀 부럽군요.

작가 제가 친구였다면 이렇게 얘기했을 것 같아요. '난 말이야, 네가 대출까지 받으면서 이탈리아 갈 때 오버한다고 생각했어. 그런데 지금 이 나이가 되고 보니 나도 너처럼 그랬어야 했는데 하는 아쉬움이 드네.'

남자 하긴, 저도 젊을 때 좀 그렇게 살았어야 했는데. 아무튼 작가님은 피아노를 연습하고 연주하는 체험형 소비를 하고 있다는 그런 얘기인가요?

작가 일단 그렇긴 한데요. 좀 부연 설명이 필요합니다. 생각해 보면, 저는 작가의 삶을 선택해서 경제적으로는 불안정해졌을지 몰라도 시간의 주인이 됐다는 느낌이 들어서 참 좋아요.

남자 그러면 이전에는 시간의 종이었나요?

작가 많은 사람이 자본주의는 자유롭다는 지독한 착각 속에서 살고 있는 것 같아요. **자본주의에서는 자신이 보유한 화폐의 크기만큼 자유를 행사할 수 있을 뿐이에요.** 회사에서 상급자에게 오만가지 싫은 소리를 듣고 정신적으로 피폐해져도 당장 다음 달 월급이 절실한데, 어떻게 자유롭게 회사를 그만둘 수 있겠어요. 자유를 얻기 위해 주식과 코인에 올인하지만 본전도 못 건지고 손해를 봐서 결과적으로 자유를 더욱 강탈당하는 지경으로 몰리기도 하지요.

남자 그러니까 더욱 돈을 모아야지요. 자유를 얻기 위해서!

작가 자본주의 사회에서 극소수의 부자들이 전용 제트기를 몰고 섬 하나를 통째로 빌리고 우주로 로켓을 쏘아 올리며 무제한의 자유를 누릴 때, 다수의 노동자는 좁아터진 집구석에서 자극적인 음식으로 배를 채우고 회사의 일정에 따라 자유를 제약당하며 삽니다. 노동자의 자유가 제약되면 제약될수록 극소수 자본가의 자유도가 끝없이 올라가는 것이 마르크스가 분석한 자본주의 착취의 불편한 진실이에요. 게다가 앞서 언급했던 노동 소외 현상까지 겹치니…. 그래서 많은 사람이 그나마 소비에서 대리만족을 느끼고 심지어 소비 행위에 자신의 존재 이유와 자존심, 정체성까지 걸기도 하죠. 명품 가방이나 시계, 자동차를 사면 자신이 명품이 되는 것 같습니다. 자본주의는 소비자의 이런 심리를 이용해 끊임없이 새로운 제품을 만들어 판매하고, 우리는 뭔가 그럴싸한 상품을 구매했을 때 자신이 제대로 살고 있는 듯이 느끼는 거죠. 요즘에는 이런 전략도 고도화되어 소비를 유도하면서도 의도적으로 브랜드를 감추거나 소탈한 개성을 강조하는 경우도 많지만 자극하는 욕망은 다를 바 없습니다. 결국 자본주의의 끝없는 소비 순환 속에서 벗어나기가 힘들어집니다. 채워도 채워도 포만감은 잠시일 뿐 금세 공복감을 느끼며 당장 필요하지도 않은 것조차 습관적으로 결제합니다. 이러한 분위기는 무분별한 과소비 풍조를 낳게 되고, 하나뿐인 지구에도 큰 부담을 줘 환경파괴와 기후 위기까지 초래하고 있는 현실이지요.

남자 ….

작가 제가 하루에 한 시간씩 피아노를 연습하는 게 누군가에게는 굉장히 비효율적이고 어리석은 행동으로 보일지도 모릅니다. 뭐, 그래요. 삶에는 두 가지 시간이 있다는 생각이 드네요. 화폐와 교환되는 시간, 그리고 화폐와 교환되지 않는 시간. 대부분 화폐로 교환되지 않는 시간은 낭비이며 쓸데없다는 식으로 취급합니다. '그거 해서 얼마 버는데?' 이런 질문이 가장 좋은 예지요. 과연 화폐로 교환되지 않는 시간은 아무런 의미도 없나요? 오히려 그 반대예요. 아이를 키우는 시간이 화폐로 교환되나요? 되레 적지 않은 화폐를 쓰게 됩니다. 그러함에도 불구하고 부모는 화폐로 교환되지 않는 그 시간을 기꺼이 감내합니다. 오히려 그 시간을 통해 행복과 보람과 감동까지 느끼지요. 사실은 너무나 소중하고 간절한 것이기에 화폐와의 교환 여부는 따지지도 않고 아낌없이 시간을 투자하는 것입니다. 차분히 돌이켜 보면, 돈도 안 되는 그 무엇인가에 열정과 진심을 쏟아부어 본 적이 없는 사람이 오히려 안쓰럽지 않나요?

남자 ….

작가 아무리 세계적인 피아니스트가 연주를 들려준다 한들 내 손으로 직접 연주하는 즐거움과는 비교할 수 없어요. 남의 연주를 들을 때는 그저 손님이고 방청객일 뿐이지만, 내 손으로 연주할 때만큼은 시간의 주인이 되니까요.

남자 그래서 결국 소유형 소비보다 체험형 소비가 더 만족스럽다는 건가요? 그 논문을 쓴 사람들은 뭐라고 결론을 내리던가요?

작가 "체험형 소비가 소유형 소비보다 사람을 더욱 행복하게 한다. 그러니 개인이든 공동체든 한정된 재원을 사용할 때 체험형 소비를 진작하고 독려할 수 있는 방향으로 투자해야 지금보다 더욱 행복해질 수 있다." 이렇게 결론을 짓더군요. 저는 논문 저자들과는 좀 다른 방식으로 결론을 내리게 되었지만요.

남자 그런가요? 제 결론은 이겁니다. 돈을 아주 많이 벌면, 소유형 소비와 체험형 소비 둘 다 마음껏 누릴 수 있다! 그나저나 작가님 결론은 뭔가요?

작가 제 결론은 이겁니다. 기왕 돈을 쓴다면 **물건**보다는 **시간**을 사라는 겁니다.

남자 시간이요?

작가 체험형 소비란 돈으로 특정한 경험을 구매하는 행위입니다. 내가 가진 돈으로 경험을 산다는 말은 결국 뭘 산다는 뜻일까요?

남자 아! 시간을 사는 것이군요.

작가 그렇죠. 경험이란 머릿속에 저장된 1분, 1초의 시간입니다. 물론 사장님 얘기대로 돈이 아주 많다면야 소유형과 체험형 소비 둘 다 만끽할 수 있을 겁니다. 하지만 안타깝게도 저를 포함해서 대부분은 그런 행운과는 거리가 멀어요. 결국 한정된 자원으로 행복을 극대화하는 방정식을 풀어야 하는데, 해법의 열쇠가 바로

'시간'인 거죠.

남자 아하!

작가 그런데 **의미 있고 보람된 시간을 사기 위해서는 결국 자신의 취향과 욕망을 잘 알아야 합니다.** 미디어와 광고가 떠밀고 강요하는 내용 말고, 내면에서 올라오는 목소리에 귀를 기울여야 하지요. 음악을 사랑하는 저에게는 피아노를 연습하는 하루 한 시간이 작지만 확실한 행복이에요. 매일 한 시간씩 행복한 게 어디 쉬운 일인가요? 하지만 이런 제 취향과 욕망은 대량생산과 대량소비를 부추겨야 돌아갈 수 있는 자본주의 시스템에는 그다지 도움이 되지 않겠지만요.

남자 뭐, 취미에 과도하게 심취하는 직원이 있으면, 솔직히 사장으로서 그리 좋게 보지 않게 되더군요. 업무에 지장을 주지 않을까 싶기도 하고.

작가 하지만 마르크스주의의 관점에서는 노동자들이 직장에서 자본가에게 시간을 빼앗기는 게 자본주의의 현실이니까요. 그러니 적어도 자기가 통제할 수 있는 여가 시간만큼이라도 자신의 취향과 욕망에 충실한, 주인 되는 삶을 살아야 하지 않겠어요? 그래야 그나마 덜 억울하지요. 그 시간마저 자본의 욕망과 의도대로

남자	휘둘린다면 인생이 너무 애처롭고 허망하지 않을까요.
남자	후…. (팔을 뻗어 작가에게 자신의 손목시계를 내보이며) 작가님 말대로면, 이 롤렉스 스카이드웰러를 산 저는 자본주의 미디어와 광고에 놀아나서 어리석은 소비를 한 죄인인 거죠? I'm Guilty! Yes?
작가	아이고, 무슨 말씀을. 돈을 워낙 잘 버시니 이런 시계 정도는 충분히 구매할 수 있지요.
남자	작가님, 이 시계가 얼만지 알고 하시는 말씀입니까?
작가	음…. 200만 원 정도 하나요?
남자	하하. 정말 세상물정 하나도 모르시네요. 3000만 원이 넘습니다, 3000만 원!
작가	헉! 엄청난 가격이네요. 어쨌든 부럽습니다. 돈이 많으니 소유형 소비도 맘껏 하고 체험형 소비도 많이 하시고….
남자	아니요. 제가 이래저래 바쁘다 보니 작가님처럼 피아노 배울 시간도 없고, 가족과 여행도 거의 못 다닙니다. 왜요? 불쌍한가요? 안타까우세요? 롤렉스 시계 찬 머저리 같아요?
작가	….
남자	작가님이 보기엔, 제가 우리 애를 의대에 진학시키려

하는 것도 뭐 그런 맥락인가요? 자본주의에 절어서 아이의 의견은 깡그리 무시하고 그저 의사가 되라고 강요하는 막돼먹은 부모 말이에요!

작가 어휴…. (애꿎은 오퍼스 원 와인병을 바라보며) 역시 이걸 마시는 게 아니었어.

남자 작가님과 얘기하다 보면 뭔가 불편해요. 지금까지 살아온 내 인생을 (롤렉스 시계를 손가락으로 치며) 이렇게 툭툭 건드리는 느낌이 든단 말입니다! 아~ 뭐, 그래요. 작가님이 저한테 대놓고 불쾌하게 얘기한 건 없지요. 그건 인정. 그래도 어쨌든 내가 너무너무 너무너무 불편한 건 어쩔 수 없단 말입니다. 에이! 취한다! 잠깐 화장실 좀 다녀오도록 하겠습니다.

잠시 후 문이 굳게 닫힌 화장실 쪽에서 요란한 소음이 들린다. 그 굵고 또렷한 음량으로 판단컨대 명백한 서서쏴다. '나는 앉아쏴인데.' 심지어 볼일 보는 스타일마저 다르다며 작가는 고개를 가로젓는다. 연이어 들려오는 요란스러운 세수 소리, 푸파푸파. 명품 롤렉스 시계를 찬 팔뚝이라 그런지 참으로 기세등등하다. 곧 화장실 문이 열리고 남자는 터벅터벅 걸어오더니 의자에 털썩 앉는다.

26만 시간의 무게

남자 이제 좀 살 것 같네요. 작가님이 개인적으로 싫다거나 그런 건 아니에요. 오히려 고맙게 생각하고 있습니다. 세수하면서 생각해 봤는데 저는 작가님이 아니라 마르크스주의랑 도무지 안 맞는다는 생각이 들 뿐이에요. 뭐, 자식놈 때문에 이 고생이죠. 작가님하고 와인 얘기할 때는 참 재밌는데 말이에요. 성격도 잘 맞는 것 같고요.

작가 그렇게 말씀해 주시니 다행입니다. 그나저나 이제는 진짜로 술을 더 마시면 안 될 것 같습니다.

남자 완전 동의합니다. 이제 그만! 잔에 남은 것만 비우죠.

작가 사실 사장님이 그렇게 반응하는 것도 충분히 이해합니다. 예전에 비슷한 경험을 많이 했거든요.

남자 그런가요? 뭐 이렇게 멱살잡이라도 했나요?

작가 전에도 말했지만, 저는 대학생 때 호기심에 마르크스의 『자본론』을 읽고선 큰 충격을 받았어요. 곧바로 이 놀라운 사상이론을 사람들과 공유하고 싶다는 강렬한 욕망에 사로잡혔지요. 결단이 서면 제법 행동이 신속한 편이라 인터넷 공간에 『자본론』 학습 모임을 만들어 사람들을 모았습니다.

남자 탈북자도 참가했다는 그 모임인가요?

작가 기억하시는군요. 맞습니다. 참가자들에게 『자본론』 내용을 체계적으로 잘 설명하면 그들도 자본주의의 모순에 눈을 떠 사회개혁 운동에 관심을 가지거나 참여할 것으로 기대했지요.

남자 작가님은 지금이나 그때나 참으로 순진하시네요.

작가 돌이켜 보면 당시 제법 책을 많이 읽어 축적된 지식이 많다 보니 논리적으로 타인을 설득할 수 있다는 자신감이 넘쳤던 것 같아요. 사람이 많이 모여서 수차례에 걸쳐서 모임을 진행했는데 참가자들의 반응이 예상과는 다소 달랐습니다. 일부는 마르크스주의에 관심을 보이고 진보정당이나 사회단체에 가입하기도 했지만, 적지 않은 사람들이 떨떠름하거나 시큰둥한 반응을 보이고 종종 극도의 거부감을 표하기도 했거든요.

남자 내 그럴 줄 알았어요. 그럴 줄 알았다니까요.

작가 '알기 쉽고 재미있게 『자본론』 내용을 설명하면 통하겠지 싶었는데 왜 예상과 달리 반응이 냉소적이었을까?' 이 질문에 대한 나름의 해답을 발견한 건 그로부터 10년 정도 시간이 흐르고 나서였습니다. 당시 저는

"궁궐을 점령하는 게 힘들 줄 알았더니,
할머니를 설득하는 게 더 힘들 줄이야."

　　　　진보정당의 후보로 지방 선거에 출마했거든요.

남자　　출마도 하셨나요? 어이구. 정치인이신 줄 몰라뵀네요.

작가　　후훗. 지금은 소속 정당도 없어요. 그냥 작가 나부랭이예요. 아무튼 그때 포스터에 인쇄한 슬로건이 '젊어서 좋다. 똑똑해서 좋다'였을 겁니다.

남자　　마르크스주의자치고 너무 색깔이 없는 것 아닌가요?

작가　　표를 좀 더 얻으려고 애를 쓴 거죠.

남자　　그래서 표 좀 얻으셨습니까?

작가 쩝, 개표하니까 꼴찌였어요.

남자 아이고, 이거 뭐라 위로의 말씀을 드려야 할지….

작가 뭐 다 옛날 일이죠. 아무튼 당시 글이나 말에는 제법 자신이 있던 터라 직접 연설문을 작성해 곳곳을 다니며 핸드마이크로 즉석에서 연설했습니다. 기존 정당들의 기만적인 행태를 폭로하고 왜 진보정당이 대안인지 열심히 설득했는데, 심드렁하게 듣던 노숙자가 박수를 보내는가 하면 한 할머니는 울음을 터트리기도 했어요.

남자 하긴. 작가님 말발이 좀 되는 건 제가 인정합니다. 인정!

작가 그러다 보니 당시에는 뭔가 좋은 결과가 나올 수도 있겠다 싶었어요. 하지만 이내 저의 순박한 착각을 단번에 날려버리는 경험을 합니다. 아파트 놀이터에서 연설하고 있을 때였어요. 바로 앞에서 열심히 듣던 할머니 두 분이 연설이 끝나자 조용하게 박수를 쳐주어서 뭔가 통했다는 생각에 뿌듯했죠. 두 표 확보했다는 생각도 들었고요.

남자 하하. 그 순간에도 표를 계산하는군요.

작가 그럼요. 선거는 철저하게 표로 승부가 나니까요. 그런데 때마침 약 50미터 정도 떨어진 곳에서 유력 보수정당의 로고송을 튼 홍보 차량이 지나갔습니다. 그러자 두 할머니가 벌떡 일어나더니 마치 리듬을 타는 래퍼처럼 로고송에 맞춰 어깨와 무릎을 흥겹게 흔들더라고요.

남자 금세 두 표가 날아갔군요.

작가 원래 저한테 올 표도 아니었던 거죠. 그저 제가 애쓰는 모습이 안쓰러워서 손뼉이나마 쳐주셨던 것 같아요. 당시 눈앞의 광경에 충격을 받고 일순간 깨달음을 얻었어요. '아! 내가 정말 어리석었구나. 몇 분짜리 연설로 사람의 생각을 바꿀 수 있다고 생각하다니.'

남자 맞아요. 사람 잘 안 바뀌어요.

작가 고작 연설하는 5분 동안 세 치 혓바닥이나 나불거렸던 주제에 어처구니없게도 저는 두 할머니가 살아온 70년 이상의 그 긴 시간을 제대로 보지 못한 겁니다. 스무 살이면 약 17만 시간, 서른 살만 되어도 26만 시간을 훌쩍 넘게 산 거거든요. 가령 제가 30대 청년과 마주 앉아서 두 시간 정도 『자본론』을 강의하면서 상대의 생각을 180도로 바꿀 수 있다고 자신한다면? 사실 그보다 오만한 생각은 없어요. 상대방이 살아온 26

만 시간을 깡그리 무시하고 있기 때문이에요. 그 오랜 시간 동안 형성되어온 뇌세포의 복잡한 연결 구조가 어떻게 한두 시간의 혀 놀림에 획획 바뀔 수 있겠어요. 인간이 그렇게 쉽게 바뀔 수 있는 존재라면 그동안 살아온 26만 시간은 도대체 뭐가 되겠습니까. 그래요, 상대방이 불편해하고 불쾌해하는 게 당연한 겁니다. 깨달음이 왔죠. 자신이 살아온 시간이 부정당하는데 화가 나지 않을 리 없지요. 그간 사회과학 지식을 촘촘히 쌓아왔다고 자부했으면서도 정작 사회를 구성하는 사람이란 존재에 대해서는 아는 게 없었던 셈이에요.

남자 그런 일이 있었군요. 작가님 얘기를 듣다 보니 문득 해골바가지 물을 드링킹했다는 원효대사의 그 유명한 에피소드가 떠오르네요. 아무튼 저도 그동안 몇 번 만나면서 작가님이 제 입장을 배려하는 걸 제법 느꼈는데요. 안 그래도 이래저래 불편한 마르크스주의인데 작가님 말투까지 거슬렸으면 저는 여기 오지 않았을 겁니다.

작가 저도 예전보다 많이 다듬어졌다고나 할까요? 옛날에는 실수투성이였죠. 어떻게 상대방과 소통해야 할지

고민을 많이 했어요. 일단 상대방이 살아온 시간을 존중하는 데부터 시작해야 한다는 생각이 들었지요. 마음속으로만 존중하는 것이 아니라 적극적으로 표현해야 한다고 말이에요. 마음은 보이지 않으니까요.

남자 맞아요. 마음은 보이지 않아요. 그래서 제가 여기 올 때마다 꼬박꼬박 와인 들고 오는 거 아닙니까. 제 마음을 물질화해서 보여드리기 위해서요. 작가님, 생각해 보세요. 와인을 준 사람과 안 준 사람, 누가 더 인상에 남겠습니까?

작가 아무래도…, 와인을 준 사람이죠.

남자 거보십쇼. 후후. 작가님, 본인이 와인을 받을 때 표정이 어떤지 압니까?

작가 어…떤가요?

남자 이 투명한 잔을 보세요. 와인의 색을 여과 없이 그대로 보여주고 있지요? 작가님 얼굴이 딱 이 와인 잔입니다. 안에 들어 있는 마음의 빛깔이 그대로 드러나요.

작가 어휴, 그 정도인가요? 나름 표정 관리한다고 했는데….

남자 하하. 와인이 그렇게 좋은가요? 다시 얘기하지만, 작가님은 분야를 잘못 선택했어요. 돈 되는 쪽으로 책을

	쓰면 좋은 와인을 많이 드실 텐데. 쯧쯧.
작가	(멋쩍은 표정을 지으며) 에헴. 하던 얘기를 마저 하겠습니다. 설사 내 관점으로는 상대가 얼토당토않은 얘기를 하더라도 '그렇게 생각할 수도 있겠네요'라고 긍정하려고 합니다. 상대방이 가진 지식과 경험의 토대에서는 그렇게 생각할 수도 있을 테니까요. 게다가 상대의 의견이 맞고 내 주장은 틀렸다고 판명될 가능성도 배제할 수는 없지요. 제 의견을 얘기할 때도 조심스럽게 접근합니다. '하신 말씀을 충분히 알겠습니다. 그런데 관점을 바꾸면 이렇게 볼 수도 있지 않을까요?' 하는 식으로 말이죠. **상대의 삶을 부정하면 나 역시 부정당할 뿐이에요. 나의 수십만 시간과 상대의 수십만 시간이 상호 존중 속에서 매너 있게 만나야 하지요.** 나와의 한두 시간 남짓한 만남이 그래도 조금은 기억에 남는 순간이 되도록 노력하는 것, 단어 하나하나에 진심을 담아서 성심성의껏 전달하는 것, 이것이 제가 할 수 있는 최대치입니다. 상대를 그 자리에서 설득하겠다는 기고만장하고 오만한 생각은 버려야 해요. 받아들이고 말고는 상대방의 일일 뿐입니다. 주제넘은 짓은 하지 말아야죠.

남자 아이고, 참으로 까다롭고 피곤하게 사십니다요. 그렇게 공들여 얘기해도 상대방한테 씨알도 안 먹힐 수 있는데 말이에요. 흠, 하긴 나도 비슷한 처지네요. 우리 회사에서 물건 끝내주게 만들어 시장에 내놓더라도 그걸 사느냐 마느냐는 소비자의 판단에 달렸어요. 그저 우리는 최선을 다해 상품을 만들고 알릴 뿐이에요.

작가 맞아요. 소비자의 지갑을 여는 건 또 얼마나 힘든 일인가요?

남자 정말 그래요. 완전 인정! 이런 의외의 지점에서 공통점을 발견하네요! 하긴 작가님은 말과 글을 팔고 저는 물건을 파는 건데, 공통점이 없을 리가 없지요.

작가 어쨌든 수십만 시간이 켜켜이 쌓인 한 인간을 변화시키는 게 그렇게 쉬운 일이라면 인간이라는 존재가 얼마나 허망하겠습니까. 제가 그렇게나 허망한 존재에게 희망을 걸고 있는 건 아니니까요. 그러니 그저 묵묵히 끈질기게 노력할 뿐입니다. 진인사대천명.

남자 작가님. 저도 그렇게 훅 불면 날아갈 것 같은 허망한 존재는 아니지요? 제가 이래 봬도 아주 질긴 쇠심줄입니다, 쇠심줄! 뿌리가 지하 100미터까지 탄탄하게 뻗어 있어서 태풍이 와도 끄떡없어요.

작가   암요. 알다마다요. 아무리 잘근잘근 씹어도 전혀 끊어질 기미가 없어요. 벌써 세 번째 만났는데 말이에요. 아주 그냥 금강불괴입니다, 금강불괴!

남자   그 말 싫지 않아요. 하핫!

순간 작가의 스마트폰에서 뜬금없이 '카톡왔숑' 소리가 울린다. 황급히 스마트폰을 집어 든 작가는 노안으로 글씨가 잘 안 보이는지 안경을 벗어놓고서 미간을 찌푸리고 뭔가 열심히 읽고 있다.

남자   작가님의 사상에 동조한다는 그 편집자입니까? 아니면 혹시… 북한에서 온 지령문? 저를 나포해서 평양으로 데려오라고 하나요?

작가   (남자의 말에도 미동 없이 한참 카톡 메시지를 읽다가 뒤늦게서야) 아! 편집자한테 온 거 아닙니다. 북한은 더더욱 아니고요. 크크. 그나저나 '나포'라니, 참으로 오랜만에 들어보는 노스탤지어 같은 단어네요.

남자   (와인 병을 가리키며) 사실 제가 오늘 이 와인에 '나포'됐다 아닙니까. 제가 가져왔지만 정말 맛있네요. 이 와인 이름이 뭐였더라, '오징어 볼'인가?

작가	'오퍼스 원'입니다.
남자	오징어 볼이나 오퍼스 원이나 둘 다 성이 오 씨니까 거기서 거기 아닙니까. 글자 수도 똑같이 네 글자! 제가 개떡같이 말해도 똑똑한 작가님이 찰떡같이 알아들어 주셔야죠. 어, 취한다. 다시 세수 좀 하겠습니다.

작가는 화장실 문을 여는 남자를 바라보며 묘한 웃음을 띠고선 고개를 절레절레 흔든다.

자율 연구 노트 3.

그래도 물어야 하는 질문

　어릴 적부터 부모님께 "우리 딸, 나중에 의사 되겠네!"라는 말을 자주 들었다. 처음에는 흘려들었지만, 그 말이 반복될수록 나도 모르게 의사라는 직업에 호감을 갖게 되었다. 아픈 사람을 치료하는 일이니 직업 자체에서 큰 보람을 느낄 수 있겠다는 생각도 들었다. 병원에서 흰 가운을 입은 의사를 볼 때면 나도 언젠가는 저 가운을 입고 있을 거란 상상을 했다. 의사가 되고 싶다는 건 의심할 바 없는 나의 꿈이라고 생각했다.

　이 확신이 흔들린 건 『자본론』 강의를 듣고 나서였다. 처음에는 흥미로우면서도 어려웠고, 무엇보다 내가 알던 현실과 부딪히는 감각이 낯설었다. 그런데 그럴수록 더 알고 싶었다. '더 구체적으로, 더 자세히, 더 정확하게, 전심전력으로 알고 싶다!' 이것은 의사가 되고 싶다는 욕망과는 명백하게 다른 종류의 것이었다.

그동안 의사를 꿈꾸면서도 인간의 신체 구조를 알고 싶다거나 바이러스나 병원균이 어떤 방식으로 질병을 일으키는지 궁금해했던 적은 별로 없었다. 그런데 『자본론』 강의를 들은 후 처음으로 지식 그 자체에 갈증을 느끼게 됐다. 그때 중학생 시절 논술 수업에서 들었던 말이 떠올랐다. "인간은 타자의 욕망을 욕망하는 존재다." 자크 라캉이라는 프랑스 정신분석학자의 말이다.

내가 의사가 되고 싶어 했던 건 정말 내 스스로의 욕망이었을까? 그 일이 갖는 의미도 중요했지만 부모님의 바람, 사회적 명성, 안정된 수입, 타인의 칭찬… 이 모든 것들도 중요했다. 라캉에 따르면 우리가 욕망하는 대상은 **타인의 시선**을 경유해 구성된다. 그러니까 다른 사람이 날 어떻게 보기를 원하는지를 기준 삼아 욕망의 대상을 설정한다는 이야기다. 나에게 '의사'는 어쩌면 그런 대상이었는지도 모르겠다.

그렇다면 작가님의 강의를 듣고 사회학과 진학을 고민하게 된 지금의 마음은 어떨까? 이건 순수한 나의 꿈일까? 아니면 또 다른 방식으로 '타자의 욕망'이 작동한 결과일까?

라캉은 외부의 영향을 받지 않은 '순수한 자기 욕망'이란 사실상 존재하지 않는다고 했다. 인간은 타인에게 배운 언어로 생각하고, 타인의 시선을 통해 자신을 인식하며, 타인의 욕망을 통해 자기 욕망을 구성하기 때문이다. 내가 지금 무엇을 원한다고 느끼더라도 그 '원함'조차 타인의 기대를 내면화한 결과인 경우가 많다는 것이다.

라캉의 관점은 왠지 모르게 마르크스주의를 떠올리게 만든다. 마르크스는 말했다. "인간의 의식이 그들의 존재를 규정하는 것이 아니라, 그들의 사회적 존재가 그들의 의식을 규정한다." 인간의 생각과 욕망은 그들이 처한 외부 구조, 그러니까 경제적·사회적 조건에 의해 형성된다는 뜻이다. 그러니 둘 다 구조주의적 입장에서 말하고 있는 셈이다.

하지만 그들이 말하는 '구조'는 서로 다르다. 마르크스에게 구조는 생산수단과 계급관계, 즉 물질적 조건이다. 반면 라캉이 말하는 구조는 언어, 상징, 무의식의 질서로 구성된 '상징계'다. 마르크스는 계급이라는 사회경제적 위치를 통해 인간을 분석하고, 라캉은 욕망의 구조를 통해 인간의 내면과 자아를 탐구한다.

그래서 일부 마르크스주의자들은 라캉을 관념론적이

라캉과 마르크스의 구조주의 비교

라캉	마르크스
구조: 상징계 (언어, 무의식)	구조: 물질적 조건 (계급, 생산수단)
분석 대상: 욕망	분석 대상: 계급(사회경제적 위치)
핵심 매커니즘: 타자의 욕망	핵심 매커니즘: 경제적·사회적 조건
사례: 의대 지망	
'의사'라는 상징이 욕망을 형성함	경제적 안정이라는 물질적 조건이 욕망을 유도함

라고 비판한다. 라캉은 인간의 욕망이 경제나 계급 같은 물질적 조건이 아니라, 언어와 상징 같은 비물질적 질서에서 비롯된다고 보기 때문이다.

내가 의대를 지망하는 것만 해도 그렇다. 마르크스주의자의 시선에서 의사는 높은 소득과 안정적인 고용을 보장하는 직업(계급)이므로, 그 욕망은 현실적·물질적 조건에서 비롯된 것이다. 반면 라캉식 해석에서는 의사는 '성공'과 '존경'이라는 사회적 기호를 대표하는 존재이기에, 내가 이 상징적 의미를 욕망한다고 본다. 비슷비슷한 이야기인 것 같아 무척 헷갈렸는데, 어느 게 먼저 오느냐의 차이인 것 같다.

마르크스주의에서는 사회적 상징(상징계라고 하더라)은 이런 물질적 현실에 뒤따르는 2차적 현상일 뿐이지만, 라캉은 오히려 그 이미지와 의미가 욕망의 뿌리라고 본다. 내가 어느 쪽인지는 잘 모르겠다. 사실 이런 생각을 하면 좀 무력해진다. 어느 쪽이든 내가 원한다고 믿었던 것, 되고 싶다고 믿었던 것이 다 구조 속에서 만들어지는 거라면… 그럼 나라는 사람은 어디에 있는 걸까?

라캉은 말한다. "**그래도 물어야 한다. 내가 진짜로 욕망하는 것이 뭔지를.**" 그걸 쉽게 찾을 수는 없겠지만, 그 질문을 피해버리면 결국 나는 그냥 누군가의 기대 속에 존재하는 사람일 뿐일지도 모른다. 라캉은 그 과정 자체가 우리를 고유한 사람에 가깝게 만들어준다고 말한다. 사회학과든 의대든, 어디로 가든지 간에, 중요한 건 내가 왜 그걸 원하는지를 멈추지 않고 묻는 일이라고 생각한다.

지금 나는 그 질문 앞에 서 있다. 아직은 자신이 없지만, 계속 생각하고 계속 물어보면, 언젠가는 내가 진짜로 원하는 게 무엇인지 조금쯤은 알 수 있을지도 모르겠다.

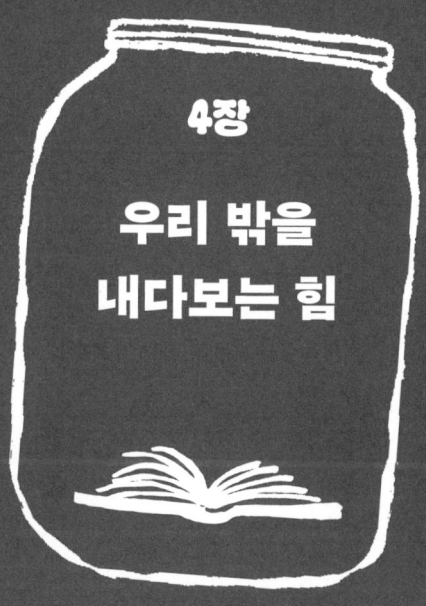

4장

우리 밖을
내다보는 힘

지금까지 철학자들은 세계를 단지
여러 가지로 해석해 왔을 뿐이다.
이제 우리가 할 일은 세계를 변화시키는 것이다.

카를 마르크스, 『포이어바흐에 관한 테제』

거나한 술판이 벌어지고 보름이 지나, 남자는 다시 찾아왔다. 그런데 이게 무슨 일인가. 손에는 무려 진보정당의 가입 원서가 들려 있지 않은가. 그동안의 사정을 모르는 이라면 눈을 부릅뜨고 입을 굳게 다문 남자의 모습에서 사회변혁을 부르짖으며 진보 정치운동에 투신하겠다는 한 인간의 기개와 결의를 읽어낼지도 모른다. 하지만 이 책을 읽는 독자는 알 것이다. 무언가 크게 잘못 돌아가고 있다는 사실을.

작가 아이고, 이게 무슨 조화입니까. 이게 꿈인지 현실인지 볼이라도 한번 꼬집어 봐야겠습니다. 아야! 아픈 걸 보니 진짜네요. 정말 ○○당에 가입하실 생각이세요?

남자	작가님, 지금 제 얼굴을 보고도 그런 얘기가 나오십니까?
작가	네?
남자	이 가입 원서는 우리 아이의 방에서 발견되었습니다. 우리 아이의 방이라고요.
작가	아! 그렇군요.
남자	뭐가 '아! 그렇군요'입니까! 지금 비상사태입니다. 비상사태라고요. 고2짜리 방에서 ○○당 가입 원서가 나오다니요! 이러다가는 나중에 조선로동당에 가입하고 월북하는 거 아닌가요? 제가 혹시나 몰라서 청소년이 정당에 가입하는 게 가능한지 알아봤어요. 예전에는 만 18세 미만이면 가입이 안 됐는데 얼마 전 법이 개정돼서 만 16세 이상이면 당원이 될 수 있다는 충격적인 사실을 알게 되었단 말입니다. 정당법 22조더군요. 정말 개똥 같은 법이에요. 대체 누가 이따위 법을 만든 거예요? 이거 정말 미치고 환장하겠단 말이에요! 작가님! 혹시 우리 애가 ○○당에 가입했는지 알아봐 주실 수 없나요? 제가 이 종이 쪼가리를 발견한 이후로 밤에 잠을 설치고 있어요. 제발 어떻게 안 되겠습니까?

작가	흠, 자제분에게 직접 가입 여부를 확인하시는 건 어려운가요?
남자	지금 한창 예민한 시기라 혹시라도 이런 일로 아이와 충돌하거나 갈등을 빚으면 성적에 영향이 갈지도 몰라요.
작가	이게 그리 간단한 문제가 아니에요. 당사자 동의 없이 정당 가입 여부를 알아보는 건 법적으로 문제가 될 수 있을 겁니다.
남자	그게 뭔 소립니까? 지금 한시가 시급한데.
작가	(챗지피티 앱을 열어서 묻는다) 어떤 사람이 정당에 가입했는지 아닌지를 알아보는 것도 범죄가 될 수 있어?
챗지피티	네, 어떤 사람이 정당에 가입했는지 여부를 알아보는 것이 법적으로 문제가 될 수 있습니다. 이는 개인의 정치적 견해 및 정당 가입 여부는 민감한 개인정보에 해당하기 때문입니다. 대한민국의 「개인정보 보호법」에 따르면 개인의 동의 없이 개인정보를 수집, 이용, 또는 제3자에게 제공하는 행위는 불법입니다. 특히 정치적 견해, 신념 등은 민감정보로 분류되어 더욱 엄격한 보호를 받습니다. 따라서 당사자의 명시적인 동의 없이 그의 정당 가입 여부를 조사하거나 공개하

는 행위는 개인정보 보호법 위반으로 민사 또는 형사 처벌의 대상이 될 수 있습니다. 이러한 행위는 개인의 사생활을 침해하고 법률에 의해 보호되는 권리를 침해하는 것입니다. 만약 특정인의 정당 가입 여부를 알아봐야 하는 정당한 이유가 있다면, 법적인 절차를 준수하여 당사자의 동의를 받거나 적법한 권한을 가진 기관을 통해 진행해야 합니다. 요약하자면, 개인의 정당 가입 여부를 무단으로 알아보는 것은 범죄가 될 수 있으므로 주의가 필요합니다. 추가로 궁금하신 사항이나 도움이 필요하시면 언제든지 말씀해 주세요.

남자   아니 이놈의 인공지능은 지금 불난 집에 부채질하는 거야, 뭐야? 작가님. 지금 챗지피티로 장난하는 겁니까? 지난번에 오 뭐시기 와인을 마시며 의기투합한 건 어떻게 된 겁니까?

작가   그렇다고 제가 자녀분의 개인정보를 침해하면서 범죄를 저지를 수는 없지 않습니까.

남자   정말 미치고 환장하겠네. 어디 탐정이라도 알아봐야 하나? 아니면 흥신소? (전화를 든다)

작가   일단 진정하세요. 그렇게 걱정하실 필요는 없어요.

남자   지금 진정하게 됐어요? 아이가 지금 월북하게 생겼

작가	는데.
작가	아이고. 엄연한 대한민국의 정당에 가입하는 게 왜 월북으로 이어지는 겁니까? 무슨 극우 태극기 집회에서나 나올 법한 얘기를…. 제가 왜 안심해도 된다고 말씀드리냐면, 대한민국 정당법에는 18세 미만인 사람이 입당을 신청할 때 법정대리인의 동의서를 함께 제출해야 한다고 되어 있어서 그렇습니다. 정당법 23조예요.
남자	(눈을 번쩍이며) 아! 그런가요? 제가 22조만 봤군요.
작가	혹시 자제분이 정당에 가입하겠다고 부모님께 동의를 구한 적이 있나요?
남자	일단 저한테는 그런 말 한 적이 없고…. 잠깐만 기다려보세요. (황급히 전화를 걸더니) 여보! 혹시 우리 애가 당신한테 무슨 정당 가입하겠다고 동의를 구한 적이 있어? 어! 없다고? 됐어! 오케이! (전화를 끊는다) 이놈의 여편네가 거짓말하는 건 아니겠지?
작가	….
남자	이거야 원, 하루하루가 살얼음판 걷는 느낌이네. 이 녀석이 한번 꽂히면 물불을 안 가리는 성격이라 너무 걱정이에요.

작가 후후. 그 성격이 어디에서 왔는지는 확실히 알겠습니다.

남자 맞아요. 내 새끼라 그래요. 자식이 부모 닮지 누굴 닮겠어요. 안 닮았으면 유전자 검사해 봐야지. 그런데 작가님, 예전부터 궁금했는데, 뭣 때문에 그렇게 챗지피티를 끼고 사시나요? 옆에서 듣는 제가 정신이 너무 사납네요.

작가 요즘 인공지능이 너무나 놀라운 속도로 발달하다 보니 저도 익숙해져야 할 것 같아서요. 심지어 강의할 때도 적극적으로 활용하고 있어요.

남자 강의할 때 챗지피티를 어떻게 활용하나요?

작가 예를 들어서 『자본론』 강의를 시작할 때 챗지피티의 음성 대화 기능을 이용해서 강의 내용을 미리 요약하게 한다든지, 중간중간 중요한 내용을 다룰 때 챗지피티한테 관련 내용을 물어본다든지, 하는 식이죠.

남자 그게 효과가 있습니까? 스마트폰 소리가 작은데 청중들에게 제대로 들리기는 하나요?

작가 스마트폰 스피커에 마이크를 갖다 대면 쩌렁쩌렁 잘 들려요. 질문과 요청에 척척 응답하는 챗지피티 덕분에 청중들의 집중도가 쑥 올라갑니다. 음성 대화 기능은 안 써본 사람들이 많아서 무척 신기해하더라고요.

남자	구닥다리 마르크스를 붙잡고 있는 분이 의외로 기술 발전에는 예민하시네요.
작가	마르크스가 구닥다리라고요? 절대 그렇지 않습니다. 오히려 인공지능과 로봇이 등장하는 지금이야말로 더더욱 마르크스주의가 절실한 시점입니다.
남자	처음 만났을 때도 그렇게 얘기하시더니…. 좋아요! 어디 한번 들려주시겠어요? 마르크스는 인공지능의 '인' 자도 몰랐을 텐데, 도대체 무슨 근거로 마르크스주의가 필요하다고 하시는지 말입니다.
작가	좋습니다. 저도 언젠가는 다뤄야 할 주제라고 생각하고 있었으니까요. 이 주제를 다루려면 우선 마르크스의 역사관인 **역사 유물론**을 알아야 합니다.
남자	역사 유물론이요? 역사는 다 물질의 문제다, 뭐 그런 이야기인가요?

역사는 궤에서 벗어났을 때 움직인다

작가	그렇게 단순한 내용이라면 좋겠지만, 솔직히 짧은 시간에 온전히 다룰 수 있을 만큼 만만한 이론은 아닙니

다. 역사 유물론을 정확하게 이해하려면 최소한 책 한 권 분량의 내용을 공부해야 합니다만, 어쨌든 최대한 짧고 쉽게 설명해 보겠습니다. 다만 그 전에 사장님께 단단히 약속을 좀 받아야겠습니다.

남자 무슨 약속을요?

작가 제가 역사 유물론이 무엇인지 설명하는 동안만큼은 꼭 필요한 내용이 아니면 태클 거는 일을 좀 자제해 주시면 좋겠습니다.

남자 끼어들지 말라는 건가요? 그러니까 '겐세이' 놓지 말아라?

작가 이게 그렇게 만만한 이론은 아니라서 차근차근 단계를 밟아 올라가야 하거든요. 그러니 제발 이번에 역사 유물론을 설명하는 동안만은 자제를 좀 부탁드립니다. 너무 조급하게 생각하지 마시고, 인내심을 가지고 들어주시면 좋겠어요.

남자 음… 알았습니다. 요전에는 제가 미안했습니다. 될지 안 될지 모르겠지만 신경 써보죠. 그래도 우리 작가님이 정당법 23조를 알려주신 덕분에 제가 마음이 좀 놓이는데, 그 감사한 마음을 부여잡고 인내해보겠습니다.

작가 하핫. 고맙습니다. 그러면 본격적으로 시작해 보겠습

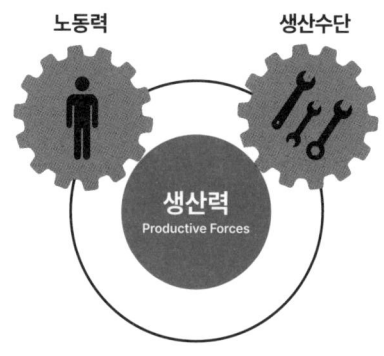

니다. 역사 유물론은 마르크스의 역사관이라고 말씀 드렸는데, 이 이론에서 굉장히 중요한 개념을 지금부터 소개하려고 합니다. 바로 **생산력**과 **생산관계**입니다. 우선 생산력부터 얘기하죠. 생산력은 사람들이 물건을 만들거나 필요한 것을 얻을 때 사용하는 능력이나 기술을 말해요. 한마디로 재화나 서비스를 생산하는 능력이죠. 생산력은 두 가지 요소로 구성됩니다. **노동력**과 **생산수단**이지요. 생산이 이루어지려면 일단 사람이 있어야 하고, 그들이 사용할 도구가 있어야 하니까요. 직관적으로 이해할 수 있는 부분입니다. 아시다시피 인류는 시간이 흐를수록 생산력을 증대시켜왔는데요. 특히 생산수단의 발전이 생산력을 비약적으로 끌어올렸습니다. 돌도끼, 청동검, 철제 농기구,

증기기관, 기계, 컴퓨터, 인공지능, 로봇 순서로 생각해 보시면 쉽게 알 수 있지요. 노동자의 기술과 지식, 숙련도가 향상되고 창의력이 발휘되어 생산성이 더 높아지기도 하지요. 생산수단뿐만 아니라 노동력에서도 발전이 있는 거죠. 요컨대 생산력 증대는 노동력과 생산수단의 질적·양적 발전이 결합된 결과입니다.

남자 이해하기 어렵진 않은데, 좀 정리해서 간결하게 얘기해주실 수 없나요?

작가 (챗지피티에게) 마르크스주의적 관점에서 생산력에 대해서 짧고 간결하게 설명해 줄래?

챗지피티 마르크스주의에서 생산력은 물질적 재화를 생산하는 능력을 의미하며, 노동력과 생산수단으로 구성됩니다. 노동력은 인간의 신체적·정신적 능력으로 기술과 지식, 창의력 등을 포함합니다. 생산수단은 생산을 위해 사용하는 도구·기계·설비·자연 자원 등 물질적 수단을 말합니다. 생산력은 이 두 요소의 발전과 상호작용을 통해 증가하며, 사회 변화의 핵심 동인이 됩니다.

남자 하하. 작가님이 이야기를 끌어가는 본새를 보니 오늘은 챗지피티의 얘기를 많이 듣게 되겠군요. 그런데 챗지피티가 마지막에 생산력이 사회 변화의 핵심 동인

	이 된다고 했는데, 그게 무슨 말이죠?
작가	마침 딱 중요한 부분을 지적하셨는데요. 생산력이 발전하면서 생산관계에 변화가 일어나기 때문입니다.
남자	생산관계요?
작가	네, 생산관계는 사람들이 생산활동을 하며 맺는 사회적 관계를 의미합니다. 이렇게 얘기하면 너무 추상적이니 구체적인 예를 들어서 설명드리죠. 농업 생산력이 경제에서 중요한 역할을 차지했던 먼 과거, 그러니까 봉건 사회를 떠올려 봅시다. 당시 농업에서 가장 중요하고 토대가 되는 생산수단은 무엇이었을까요?
남자	그거야 뭐 농사지을 땅이 제일 중요하지 않겠어요?
작가	맞습니다. 그렇다면 결국 땅을 누가 소유하고 있느냐가 굉장히 중요한 문제였겠지요? 아시다시피 당시는 대토지를 보유한 지주나 영주가 지배 계급이었던 사회였습니다. 주요한 생산수단을 통제하는 사람이 힘을 갖는 거죠. 반대로 땅이 없는 사람들은 지주나 영주에게 땅을 빌려서 농사짓고 수확의 절반 정도를 바쳐야 했습니다. 지주나 영주는 대토지 소유를 통해 거대한 부를 축적할 수 있었어요. 주요한 생산수단인 토지의 소유 여부로 지배 계급과 피지배 계급으로 갈리

게 된 것이죠. 이렇듯 농업이 생산력의 핵심인 봉건 사회에서는 토지가 주요 생산수단이 되었고, 이에 맞춰 지주-소작인 혹은 영주-농노 관계가 지배적인 생산관계로 자리를 잡았습니다. 지주-소작인, 영주-농노, 이게 바로 봉건 사회의 생산관계입니다.

이번엔 산업혁명 이후 기계제 대공업 생산력이 주축이 된 자본주의 사회의 생산관계는 어떤지 살펴보죠. 기계제 대공업이 주축이 된 사회 역시 기계설비와 공장 같은 생산수단을 소유하고 통제하는 이들이 힘을 갖게 됩니다. 우리는 이들을 자본가라고 부르지요.

남자 저 같은 사람 말이죠?

작가 하하. 그렇습니다. 기계나 공장 같은 생산수단을 보유하지 못한 사람은 자본가에게 노동력을 판매하고 그 대가로 임금을 받아 생계를 유지합니다. 자본가는 노동자에게 생계유지에 필요한 임금을 지급하고 나머지는 이윤으로 가져갑니다. 그 과정에서 자본가는 거대한 부를 축적할 기회를 얻게 되죠. 역시 주요한 생산수단인 기계설비와 공장 등의 소유 여부로 지배 계급과 피지배 계급으로 갈리게 된 것입니다. 기계제 대공업 생산력의 자본주의 사회는 자본가-노동자의 생산관계가 특징입니다. 이렇듯 생산관계는 주로 누가 생산수단을 소유하고 있느냐로 결정되지요.

남자 흠, 학교 수업 시간에 비슷한 얘기를 들었던 것 같기도 한데요. 딱히 이해하기 어려울 건 없군요. 그래서 생산력이 어떻게 사회 변화의 핵심 동인이 된다는 겁니까? 그게 생산관계와는 또 무슨 관련이 있는 거죠?

작가 **'새로운 생산력'과 '낡은 생산관계' 사이의 모순과 갈등이 사회 변화의 원인이 되는 겁니다.**

남자 모순과 갈등이요?

작가 그렇습니다. 생각해 보세요. 세상만사 아무런 모순과 갈등이 없다면 뭣 하나 바뀌거나 변하는 게 있을까요? 아무도 불편함을 느끼지 않고 만사 오케이니 모두 그냥 살아온 대로 계속 살려고 하지 않겠어요? 신분제 사회가 무너지고 누구나 참정권을 가진 사회로 이행한 것도 신분제 사회 내부의 모순과 갈등이 심했기 때문이죠. 신분제의 틀에서 누구나 만족하고 행복했다면 신분제가 지속되었을 겁니다.

남자 흠, 그건 그렇겠군요.

작가 일단 봉건 사회가 자본주의 사회로 이행하게 된 역사의 과정을 통해 새로운 생산력과 낡은 생산관계의 모순과 갈등을 살펴보겠습니다. 말씀드렸다시피 봉건 사회 초기에는 농업 생산력이 중심을 이뤘습니다. 상공업은 농업에 비하면 그 비중이 미미한 수준이었지요. 토지 소유를 중심으로 한 영주-농노의 생산관계가 대세였습니다. 그리고 농업 생산력과 영주-농노의 생산관계가 합쳐져 봉건제적 생산양식을 형성했어요.

남자 생산양식이요?

작가 **생산양식이란 생산력과 생산관계가 결합한 경제 체계를 말합니다.** 봉건 사회에서는 농업 중심의 생산력과 지주-소작인 혹은 영주-농노의 생산관계가 결합해 봉건적 생산양식을 형성하는 거죠.

남자 그렇군요. 이해했습니다.

작가 그런데 시간이 흐르면서 상공업 분야에 변화가 일어납니다. 항해술이 발달해 교역이 활성화되고 매뉴팩처(공장제 수공업)에 이어 기계제 대공업이 등장하며 생산력이 비약적으로 증가한 것입니다. 어느새 상공업은 경제에서 농업이 차지하는 비중을 훌쩍 뛰어넘는 수준에 이른 거죠. 기계제 대공업이라는 '새로운 생산력'을 통해 엄청나게 성장한 것입니다. 이러한 과정에서 부를 축적한 자본가 계급이 등장합니다. 이들은 너무나 당연하게도 상공업 분야가 더욱 번성하기를 바랍니다. 그래야 더 많은 경제력을 거머쥘 수 있으니까요.

그런데 여기서 기존의 '낡은 생산관계', 즉 지주-소작인 또는 영주-농노라는 생산관계가 걸림돌이 됩니다. 이 봉건적 생산관계가 지속된다면 수많은 사람이 농노 혹은 소작인으로서 대토지 소유자인 귀족의 영지에 속박됩니다. 공장에서 일할 노동자를 구해야 하는 자본가로서는 여간 답답한 노릇이 아니겠지요. 게다가 광활한 토지가 귀족에게 계속 묶여 있다면 공장 짓고 사업을 할 땅을 구하기 어렵겠지요. 자본가 계급에게는 영주-농노 생산관계를 토대로 한 봉건 사회의 시스템 전반이 거슬렸어요. 요컨대 새로운 생산력(기계제 대공업)과 낡은 생산관계(영주-농노) 사이에 모순과 갈등이 발생한 것이죠.

남자 그러니까 기계제 대공업을 통한 생산력 발전을 기존의 낡은 생산관계가 가로막았다, 이 말이군요?

작가 맞습니다. 당연한 얘기지만, 귀족 영주들은 기존 시스템을 유지해야 자신의 이익을 실현할 수 있는 사람들입니다. 아시다시피 봉건 사회는 신분제에 기초를 두고 있어서 법과 제도를 제정 및 개정하는 권한이 귀족이나 성직자에게만 있었습니다. 그러니 이들이 굳이 기존의 법과 제도를 바꿀 이유는 없었지요.

자본가 계급은 상공업의 발전을 통해 막대한 부를 축적해 경제적 영향력이 이미 기존의 귀족들을 능가할 정도로 엄청나게 성장했지만, 당시 법과 제도를 바꾸는 정치적 과정에 참여할 권한은 없었습니다. 거대한 부를 축적한 자본가로서는 신분제를 기초로 한 이 시스템이 얼마나 답답했겠어요? 봉건제 시스템은 명백하게 대토지를 틀어쥔 귀족들을 위해 설계된 것이었으니까요.

자본가 계급은 자신들의 이익을 위해 기존의 봉건적 사회 질서를 해체할 필요가 있었습니다. 이러한 귀족과 자본가 사이의 갈등과 충돌이 유럽에서 혁명이 일어날 만한 상황을 조성했습니다. 그 혁명에서 자본가가 기존의 봉건 귀족을 누르고 승리해 신분제를 기초로 한 봉건적 질서는 해체되었지요. 드디어 자본가 계급은 자신이 지닌 경제력에 걸맞은 정치권력을 획득한 것입니다. 사회의 시스템, 즉 법과 제도를 새로 쓸 권력 말이지요.

권력을 쥔 자본가 계급은 자신들이 부를 추구하기에 편한 방식으로 사회시스템을 재편했습니다. 신분제 사회를 뒷받침하던 봉건적 법과 제도가 폐지되고 자본가 계급에 유리한 법률이 제정되었습니다. 경제활동의 자유를 보장하고 개인의 재산 소유권을 보호하는 등, 현재의 자본주의 사회가 추구하는 가치를 담은 법들 말입니다. 그 과정에서 기계제 대공업이라는 새로운 생산력에 걸맞은 새로운 생산관계가 대세로 자리 잡게 된 것입니다. 바로 자본가-노동자의 생산관계 말이죠.

자본가-노동자의 생산관계는 기계와 공장 등의 생산수단을 소유한 자본가가 임금을 지급해 노동자를 고용하는 생산관계입니다. 생산수단을 소유한 자본가가 이윤을 추구하기 유리한 시스템이지요. 자본주의 사회의 법과 제도는 이러한 생산관계를 합법적으로 유지하기 위한 장치로 기능합니다. 자본가 계급의 승리로 귀족이 세습하던 토지는 시장에서 거래되는 상품이 되었으며, 봉건 영지에 속박되어 있던 농노와 소작인은 자신들의 노동력을 자유롭게 판매할 수 있는 자유민이 되었습니다.

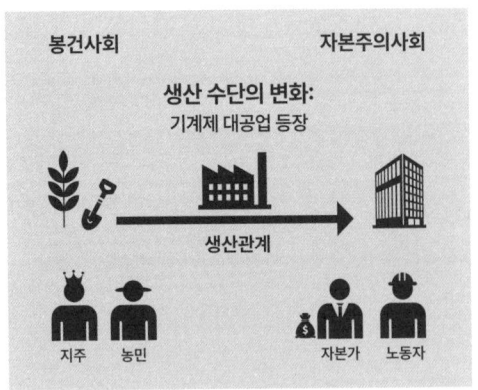

　　요컨대 새로운 생산력(기계제 대공업)과 낡은 생산관계(농노-영주)가 갈등을 빚다가 결국 새로운 생산력에 부합하는 새로운 생산관계(노동자-자본가)가 도입된 것입니다. 새로운 생산력과 새로운 생산관계가 결합해 자본주의적 생산양식을 이루게 되고요. 이런 과정을 통해서 역사는 봉건 사회에서 자본주의 사회로 이행했습니다. 마르크스주의적 관점에서 보면, **변화의 결정적인 원인은 새로운 생산력과 낡은 생산관계 사이의 모순이죠.**

남자　호오. 이런 식으로 역사 발전을 설명하는 게 가능하군요. 흥미로운데요? 그런데 만약 자본가 계급이 봉건 귀족들과의 싸움에서 패배했다면 지금 상황은 어떻게 됐을지 궁금해지는군요.

작가 봉건 사회가 자본주의 사회로 이행하게 된 건 어느 정도의 '필연성'이 있다고 생각합니다.

남자 필연성이요? 그렇게 될 수밖에 없다는 의미인가요?

작가 그렇습니다. 생각해 보세요. 표도르 선수하고 저하고 싸우면 누가 이길까요?

남자 하핫. 그거야 뻔할 뻔 자 아닙니까. 당연히 표도르죠.

작가 왜 표도르가 이길까요?

남자 그거야 훨씬 힘이 세고 싸움을 잘하니까 그렇지요.

작가 마찬가지예요. 그 당시 기계제 대공업의 도입으로 상공업이 놀라울 정도로 발전했죠. 전체 경제에서 차지하는 비중이 농업을 압도하게 되었습니다. 봉건 귀족들보다 자본가 계급의 경제력이 더 커진 거죠. 그러니 자본가 계급은 귀족들보다 더 많은 자원과 인력을 동원할 수 있었습니다. 막말로 힘이 더 세진 거죠. 힘겨루기에서 귀족과 자본가 계급은 국면마다 엎치락뒤치락하기도 했지만, 긴 호흡으로 보면 자본가 계급이 이길 수밖에 없는 조건인 겁니다. 경제력으로 귀족들을 압도하게 되었으니까요.

물질이 마음을 지배한다

남자   흠, 확실히 그렇겠네요. 돈 가는 데 마음 간다고, 사람들 마음도 점점 귀족에게서 떠나 자본가에게 갔을 테니까요.

작가   '마음 가는 데 돈 간다'라고 하지 않나요? 제가 거꾸로 알고 있는 건가요?

남자   작가님이 거꾸로 알고 있는 겁니다. 돈 가는 데 마음 가는 게 맞죠. 물이 위에서 아래로 흐르듯 돈이 흘러가는 곳으로 사람 마음이 딸려가는 게 자연스러운 일 아닌가요? 무엇보다도 제 마음은 항상 돈을 따라 흘러가고 있거든요. 하하하!

작가   음…. 그… 그렇군요.

남자   그럼요!

작가   마르크스의 이러한 역사관을 역사 유물론이라고 한다고 말씀드렸는데요. 왜 '유물론'이라는 표현이 들어갔는지 이제 좀 느낌이 오시나요?

남자   뭔가 물질적인 부분, 그러니까 먹고사는 영역을 가지고 역사를 논해서 그런 것 아닌가요?

작가   사실 역사 발전의 원동력을 인간 정신의 발전과 성장에서 찾는 사람들도 종종 있거든요. 예를 들어서 계몽사상으로 인해 당대 유럽인들이 자유와 평등의 소중함을 깨닫게 되었고, 그로 인해 혁명이 일어나 봉건사회가 자본주의 사회로 이행하게 됐다는 견해가 있단 말입니다. 일견 그럴싸해 보이지만 유물론의 관점에서 보면 뭔가 허술한 구석이 많아요. 사실 자유와 평등을 부르짖는 사상은 훨씬 옛날에도 존재했습니다. 만민 평등을 외쳤던 디오게네스, 모든 사람을 차별 없이 사랑해야 한다고 주장한 묵자, 둘 다 2000년보다 훨씬 더 전에 살았던 사람이잖아요. 인류가 자유와 평등을 모르다가 갑자기 18세기 유럽인들이 비로소 알게 된 게 아닙니다. **솔직히 자유와 평등을 이야기하는 사상은 억압과 차별이 있는 사회라면 언제 어디서나 존재했습니다. 다만 자유와 평등을 부르짖는 그 사상과 이념이 당대의 지배적 사상으로서 자격을 획득하지 못했던 거예요.** 그렇다면 왜 하필이면 18세기 유럽에서 자유와 평등을 주장하는 계몽사상이 사회적으로 큰 파급효과를 가지게 되었을까요?

남자 네? 저한테 물어보시는 건가요?

작가 아! 아니에요. 그냥 주의를 끌기 위한 화법입니다.

남자	휴. 그렇군요. 전혀 모르겠는데…. 다행이네요. 깜빡이를 켜고 차선 변경해 주세요. 갑자기 훅 들어오면 곤란합니다. 저보고는 가만히 있으라고 하셨으면서, 이러시면 상당히 당황스러워요. '내로남불'이에요.
작가	헉, 미안합니다. 자중하겠습니다. 아무튼 마르크스가 『공산당 선언』에서 이렇게 얘기했습니다. "**한 시대의 지배적 이념은 항상 지배 계급의 이념일 뿐이다.**" 디오게네스와 묵자의 평등사상이 지배적 이념이 되지 못한 이유는, 당시 지배 계층이 디오게네스나 묵자의 사상을 자신의 이념으로 채택하지 않았기 때문입니다. 하지만 18세기 유럽에서 급부상하던 자본가 계급은 자유와 평등을 얘기하던 계몽사상을 자신의 이념으로 채택했습니다. 신분제를 무너뜨리고 경제 활동의 자유를 쟁취하려는 자본가 계급의 의도에 부합했기 때문인데요. 이들의 전폭적인 지원을 받은 계몽사상은 순풍에 돛을 단 배처럼 급속도로 퍼져나갔지요.
남자	하긴 그렇겠네요. 자본가들이 후원도 해주고 책도 내주고 여기저기 불러서 강의도 하게 했을 테니까, 확실히 탄력을 받았겠어요.
작가	지금으로 치면 온갖 방송과 대형 유튜브 채널에서 계

몽 사상가를 초청해 강의나 인터뷰를 듣는 상황이려나요. 그 시절 계몽 사상가들이 참으로 부럽네요. 음, 따지고 보면 저도 사장님한테 와인 후원을 받는 건가요?

남자 더 좋은 와인도 얼마든지 드릴 수 있으니 제발 우리 애만 좀 정신 차리게 해주십쇼. 제발요!

작가 일단 정당법 23조에 의하면 부모의 허락 없이 당원 가입은 불가한 상황이니 너무 걱정하시지는 마세요. 다만 아무리 자식이더라도 정치적 견해와 사상의 자유는 존중해 줘야 하지 않을까요.

남자 정치고 사상이고 나발이고, 그 이전에 자식에 대한 부모의 걱정도 존중해 주시면 좋겠습니다. 진짜 똥줄 타는 기분이에요. 지금도 속으로 정당법 23조를 염불처럼 외우면서 마음을 다스리고 있어요.

작가 휴, 알겠습니다. 어쨌든 계몽사상이 시대적 사상으로 부상하게 된 건 자본가 계급이 자신의 이념으로 선택했기 때문이라는 점을 강조하고 싶습니다. 사실 기독교가 세계 종교가 된 이유도 거슬러 올라가 보면 막강한 로마제국의 국교가 되었기 때문이거든요. 만약 조로아스터교가 로마의 국교로 채택되었다면 지금 우리

나라에는 조로아스터교 예배당이 가득했을 걸요?

남자 상상하면 황당하게 느껴지는데 맞는 말 같네요. 그건 그렇겠네요.

작가 제가 예전에 지리산 하동으로 가족 여행을 갔다가 배달성전 삼성궁을 방문했던 적이 있어요. 단군을 모시는 종교의 본산인데요. 제법 많은 명승지를 다녀봤지만 그중에서도 손꼽을 만큼 인상적인 곳이었어요. 삼성궁 곳곳을 둘러보다가 문득 그런 생각이 들더군요. '서양 열강이 아니라 우리나라가 강대한 제국의 길을 걸었다면 아마도 세계 곳곳에 단군 예배당이 생겼겠지. 기독교는 한미한 지역 토착 종교가 되어 이 배달성전처럼 저 귀퉁이에서 명맥이나 유지했을 테고.' 그러다가 다시 배달성전으로 눈을 돌리니 처연하고 안타까운 마음이 일어나더군요. 다른 한편으로는 서양 귀신을 모시든 동양 귀신을 모시든 그게 다 무슨 상관인가 싶기도 하고.

남자 과연 순도 100퍼센트 유물론자다운 견해입니다. 기독교 신자가 들으면 불편해하겠어요. 뭐, 그건 그렇다 치고 인공지능이랑 로봇 얘기는 도대체 언제 나오나요? 그게 궁금해서 꾹 참고 듣고 있는데 어째 코빼기도 안 나오는 게….

새로운 생산력, 새로운 모순, 새로운 시대

작가 이제 나옵니다. 잘 참으셨어요. 지금까지 말씀드린 대로 마르크스는 새로운 생산력과 낡은 생산관계 사이의 모순과 갈등으로 사회가 변화하고 발전한다고 봤습니다. 과연 유물론자다운 역사 분석이죠. 말씀하셨다시피 '먹고사니즘'의 영역에서 원인을 찾았으니까요.

21세기에 들어 인류는 바야흐로 새로운 생산력의 출현을 목격하고 있습니다. 바로 **인공지능과 로봇**이에요. 이 새로운 생산력이 기존의 자본주의적 생산관계와 엄청난 모순과 갈등을 빚게 될 상황이에요.

남자 어째서 그런가요?

작가 아시다시피 수많은 전문가가 향후 인공지능과 로봇이 발전할수록 인간의 일자리 상당 부분을 대체할 것이라 예측합니다.

남자 그건 저도 동의합니다. 유튜브에서 테슬라가 개발하

"좋은 소식이 있습니다! 인건비를 없앴어요, 소비자들도요."

는 옵티머스 휴머노이드가 움직이는 걸 봤는데, 조만간 공장에 투입하면 간단한 업무에서부터 노동자를 대체할 수 있겠다는 생각이 들더라고요. 놀라운 게, 옵티머스를 대량생산하면 가격이 한 대당 3000만 원대가 된다네요. 사장으로서 눈이 번쩍 뜨일 이야기거든요. 연봉 3000만 원이 아니라, 구매해서 망가질 때까지 사용할 수 있는 가격이에요. 휴일에 쉬지도 않죠, 잠 안 자고 24시간 일할 수 있죠, 위험한 업무 시킨다고 굳이 비싼 돈 들여 안전장치를 하고 업무 속도를 늦출 필요도 없어요. 인간이 아니니까요. 프레스에 끼어서 망가지면 그냥 한 대 더 사는 게 훨씬 비용이 적게 들지요. 로봇이라 의료보험이나 고용보험을 부담할 필요도 없고, 복지 혜택도 필요 없죠. 게다가 기술이 발전할수록 로봇 가격도 더 싸질 거 아녀요? 머리에 총 맞은 사장이 아니고서야 노동자를 죄다 로봇으로 대체할 겁니다. 내가 사장이라서 잘 알아요. 다른 업체와 경쟁에서 뒤떨어지지 않기 위해서라도 로봇을 도입 안 할 수가 없어요. 그 시기가 언제냐의 문제이지. 이건 확정된 미래라고요, 확정된 미래!

작가 정말 기술 발전 속도가 놀라워요. 테슬라 자율주행도 거의 완성 단계라 이제 인간보다 운전을 훨씬 잘한다면서요. 이미 어떤 도시들에는 운전사 없는 로봇 택시가 돌아다니고, 점차 버스나 화물차도 자율주행으로 돌아다닐 겁니다. 운수업 일자리가 소멸하는 거죠. 인공지능이 작곡도 하고 소설도 쓰고 그림도 그리고, 아무튼 인간 고유의 영역이라고 생각했던 창작 분야에도 이미 침투하고 있어요. 갈수록 더 잘할 거 아니에요? 그런데 한번 생각해 보세요. 현재 세상은 자본주의적 생산관계로 구성되어 있습니다. 생산수단을 소유한 자본가가 이윤 추구 목적으로 노동자를 고용해 임금을 지급하고 일을 시켜서 상품을 생산합니다. 그 상품이 시장에서 잘 팔려야 자본가는 돈을 벌 수 있어요. 지금까지 그 상품을 누가 사줬습니까? 노동자들이 자신이 받은 임금으로 상품을 구매하는 겁니다. 자본가는 그렇게 번 돈으로 사업을 계속 이어가고요. 그런데 인공지능과 로봇이 인간의 일자리를 대체하게 되면 이 순환구조가 무너져요.

가령 인공지능과 로봇이 고도로 발달해 인간 일자리를 죄다 차지하는 상황이 되었다고 합시다. 인간보다 뛰어난 업무 능력으로 쉬지 않고 일합니다. 인간을 고용하는 것보다 훨씬 싸게 먹히고요. 인공지능과 로봇 도입으로 기업은 생산력이 비약적으로 상승해 전보다 품질 좋은 제품을 월등히 저렴한 가격에 시장에 내놓습니다. 그런데 말입니다. **도대체 인공지능과 로봇이 만든 이 물건들을 누가 구매하느냔 말이에요. 사람들이 죄다 일자리를 잃어서 돈을 못 벌고 있잖아요.**

남자 음…. 이건 정말 심각한 문제네요. 인공지능과 로봇까지 도입해 열심히 상품을 만들어도 살 사람이 없다면 회사들은 모조리 망할 텐데요.

작가	그래요. 지금 이 시스템, 다시 말해 자본주의적 생산관계가 바뀌지 않는다면 머지않은 미래에 사람들은 일자리를 구하지 못해 굶어 죽고, 회사는 생산한 제품을 팔 수 없어서 망할 겁니다. **새로운 생산력(인공지능과 로봇)과 낡은 생산관계(자본가-노동자)가 모순과 충돌을 빚는 거죠. 양립하기 어려운 상황이 되는 겁니다.**
남자	혹시 마르크스가 이런 상황을 예견했나요?
작가	그건 아닙니다. 마르크스는 인공지능과 로봇의 등장을 예언한 적은 없어요. 아마 상상도 못 했을 거예요. 다만 새로운 생산력과 낡은 생산관계의 충돌이 역사 발전의 원동력이라는 역사 발전 법칙을 주장한 거죠. 이 이론적 틀을 현대 사회에 적용하면 조만간 인류가 맞닥뜨릴 상황에 대한 통찰을 얻을 수 있는 거고요.
남자	(심각한 표정으로 턱을 만지며) 그러면 결국 인류는 멸망하는 건가요?
작가	그건 아닙니다. 봉건 사회가 자본주의 사회로 이행하는 과정을 살펴보면, 새로운 생산력(기계제 대공업)과 낡은 생산관계(영주-농노)의 모순과 갈등이 어떤 식으로 해결되었죠?

남자	헉, 또 깜빡이 안 켜고 들어오시네요. 내로남불! 정당법 23조 위반이에요!
작가	하핫. 미안합니다. 하지만 정당법 23조와는 무관한 상황인데요. 저는 미성년자가 아니라 50대 아저씨여요.
남자	제 머릿속이 그저 정당법 23조로 가득해서 그렇습니다. 개떡같이 얘기해도 찰떡같이 알아들어 주세요. 크크. 아무튼 질문은 자제 부탁드립니다. 지금 머리가 영 복잡해요.
작가	하핫, 더욱 조심하겠습니다. 앞서 말씀드렸듯이, 새로운 생산력에 걸맞은 새로운 생산관계가 들어서면서 모순과 갈등이 해소되었죠. 그 과정에서 영주-농노 혹은 지주-소작인이라는 봉건적 생산관계는 역사의 뒤안길로 사라졌습니다. 그와 마찬가지입니다. 시대에 뒤떨어지게 된 낡은 자본주의적 생산관계가 사멸하고 인공지능과 로봇이라는 새로운 생산력에 걸맞은 새로운 생산관계가 들어서면서 모순과 갈등이 해소될 겁니다.
남자	그렇다면, 인공지능과 로봇에 어울리는 새로운 생산관계는 뭔가요?
작가	미래에 인공지능과 로봇이 완전히 인간의 노동을 대

체하게 되면, 과연 인류는 어떻게 해야 멸종하지 않고 생존할 수 있을까요? **인공지능과 로봇이라는 생산수단을 특정 자본가가 이윤 추구를 위해 개인적으로 소유하는 자본주의 방식이 이제 불가능하다는 건 이미 아실 겁니다.** 새로운 생산수단이 보편화된 사회에서 대다수 노동자는 일자리를 잃고 소득이 사라질 텐데, 자본가가 인공지능과 로봇으로 아무리 재화와 서비스를 생산한들 누가 구매하겠어요. 기업도 존립 기반을 잃고 붕괴하게 됩니다. 결국 공공재, 즉 사회적 소유로 전환해야 합니다. 국민건강보험이나 국공립 학교가 그렇듯 인공지능과 로봇은 공익을 위해 운영되겠지요. 공동체 구성원 누구에게나 인공지능과 로봇이 생산하는 재화나 서비스를 복지와 기본권 차원에서 차별 없이 공평하게 제공하는 겁니다.

뛰어난 성능의 인공지능과 로봇이 24시간 쉬지 않고 작동하니, 사람들은 생계를 걱정할 필요 없이 자유롭게 원하는 분야에서 자아실현에 몰입할 수 있습니다. 피아노 실력을 연마하든, 우주의 기원을 탐구하든, 세계 일주를 하든, 시를 쓰든, 원하는 활동에 전념할 수 있어요. 인공지능과 로봇 덕분에 물질적 풍요가 실현

되고 그 성과를 특정 계급 계층이 독점하는 게 아니라 공동체 구성원이 공평하고 평등하게 공유 및 분배하는 체제, 바로 공산주의적 생산관계가 들어서게 되는 겁니다.

역사의 궁극적 목적지

남자   새로운 생산관계가 공산주의라고요? 흠…. 그렇다고 치고, 좀 궁금한 게 있어요. **도대체 사회주의와 공산주의의 차이가 뭔가요?**

작가   후후. 사장님도 결국 이 질문을 하시는군요.

남자   사람들이 많이 질문하나요?

작가   제가 마르크스주의 강의를 할 때 가장 많이 접하는 질문입니다.

남자   그렇군요.

작가   사람들이 사회주의와는 달리 공산주의는 독재와 연관 지어 생각하더군요. 마르크스주의적 관점에서 보자면 정말 말도 안 되는 얘기거든요. 공산주의는 일종의 최종 목표지라면, 사회주의는 그 목표지로 가는 과도기

혹은 이행기라고 할 수 있습니다.

남자 그러니까 조금 전에 얘기했던 공산주의적 생산관계가 들어선 사회가 마르크스주의적 관점에서는 인류의 최종 목적지라는 거죠?

작가 그렇습니다. 하지만 인류가 타임머신을 타지 않는 한 순식간에 그런 사회로 갈 수는 없죠. 봉건 사회가 자본주의 사회로 이행하는 데 몇백 년이 걸린 것처럼, 자본주의 사회가 공산주의사회로 이행하는 데에도 분명히 적지 않은 시간이 소요될 겁니다. **자본주의적 생산관계가 점진적으로 해체되면서 '생산수단을 사회가 소유하는 체제'로 전환해 가는 중간 단계가 사회주의라는 거죠.**

사회주의 단계에서는 자본주의적 요소나 제도가 여전히 남아 있습니다. 공산주의 사회가 가능할 만큼 생산력이 충분히 발달하지 못한 상황이라 **'각자 능력에 따라 일하고 성과에 따라 분배한다'**라는 원리가 작동해요. 국가가 공공부문과 복지를 통해 공동체 구성원의 '기본적인 생활 수준'을 어느 정도 보장합니다. 하지만 사기업뿐만 아니라 공기업에서도 여전히 개인의 업무 성과에 따라 임금에서 차등이 발생하는 거죠.

하지만 생산력이 충분하게 발달한 공산주의 사회에선 **'능력에 따라 일하고 필요에 따라 분배한다'**라는 원리가 작동합니다. 누구나 필요한 만큼 재화나 서비스를 이용할 수 있게 되는 거죠. 사실상 '누가 더 일했냐, 임금 차이가 얼마냐'를 따질 필요가 없어지게 되니까요.

남자 필요한 만큼 재화나 서비스를 분배받을 수 있으면, 너나 할 것 없이 더 많이 분배받으려고 난장판이 벌어질 것 같은데요?

작가 지금의 시점에서 그렇게 예측하는 것도 무리는 아닙니다. 사실 공산주의라고 하는 건 어떻게 보면 일종의 유토피아를 그리는 거라서, 당장은 그런 사회가 구현된다기보다는 나아갈 방향으로서 의미를 두는 게 맞는 것 같아요. 그래서 '최종' 목적지 아니겠습니까. 다만 인류가 공산주의 사회에 가까워질수록, 개인이 소유한 재산의 양으로 사람을 평가하는 자본주의 사회와는 분위기가 다를 수밖에 없어요. 일단 생산수단을 배타적으로 소유한 개인이 존재하지 않기 때문에, 자본주의처럼 특정 개인이 막대한 부를 축적하는 일은 불가능할 거고요. 삶에 필요한 재화나 서비스는 무상으로 제공되니 생계를 유지하지 못할 걱정도 없습니다. 인공지능이나 로봇 등의 생산수단이 공공재이기에 무엇을 얼마나 생산할지 그리고 어떻게 분배할지에 대한 계획이 공동체 구성원의 참여하에 민주적으로 결정되겠죠.

남자 음… 그런데, 뭐 다 좋은 얘기긴 한데요. 다 같이 소유하고 다 같이 나눠 쓴다는 게 말처럼 쉽겠어요? '**모두의 것**'이라고 하면 사실상 '**누구의 것**'도 아니게 되어서, **오히려 책임지는 사람도 없고 결국 남용되거나 방치되는 경우가 많잖아요.** 그런 현상을 일컫는 말도 있던데, 뭐더라, 공유지의….

작가 **공유지의 비극** 말씀하시는 거군요. 물론 그런 가능성도 생각해 볼 수 있겠습니다만, 경제 계획이 공동체 구성원의 참여하에 민주적으로 결정되는 상황은 그러한 공유지의 비극을 극복할 수 있는 중요한 조건이 된다고 생각합니다. 경제학자 엘리너 오스트롬은 2009년에 '공유지의 비극' 이론을 비판적으로 검증해 노벨 경제학상을 받았는데요, **공동체가 스스로 규칙을 만들고 자율적으로 관리하면 공유 자원도 충분히 잘 보존될 수 있다는 걸 다수의 사례로 증명했어요.** 공동 목초

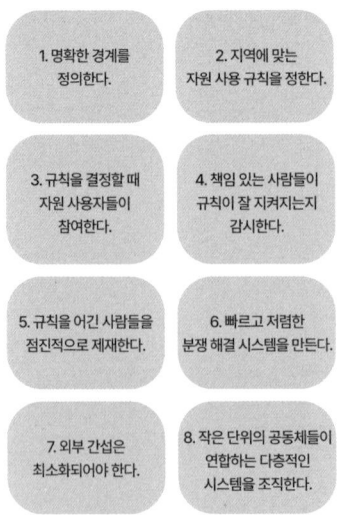

엘리너 오스트롬의 공유지를 지키는 8원칙

1. 명확한 경계를 정의한다.
2. 지역에 맞는 자원 사용 규칙을 정한다.
3. 규칙을 결정할 때 자원 사용자들이 참여한다.
4. 책임 있는 사람들이 규칙이 잘 지켜지는지 감시한다.
5. 규칙을 어긴 사람들을 점진적으로 제재한다.
6. 빠르고 저렴한 분쟁 해결 시스템을 만든다.
7. 외부 간섭은 최소화되어야 한다.
8. 작은 단위의 공동체들이 연합하는 다층적인 시스템을 조직한다.

정치경제학자 엘리너 오스트롬은 공유지의 비극은 '공유'되었기 때문에 생기는 것이 아니라 어떤 주체도 없이 방치될 때 생긴다고 지적했다. 그의 연구는 사람들이 이기적인 존재인 동시에 규칙을 만들고 협력할 줄 아는 존재라는 것을 강조한다.

지·어장·산림·관개수로 등 오랜 기간 공유지를 잘 관리한 세계 곳곳의 공동체들을 조사했거든요. 지역 주민들 스스로 규칙을 만들고, 상호 감시하고, 분쟁을 해결하며 공유지를 성공적으로 관리해 왔다는 걸 입증했습니다.

심리학 이론 중에 '자기결정성 이론'이란 것이 있습니다. 이 이론에 따르면 사람은 외부에서 강제로 지시받을 때보다, 스스로 결정권을 갖고 참여할 때 더 책임감 있고 능동적으로 행동한다고 합니다. 오스트롬이 연구한 공동체들도 마찬가지예요. 주민들이 직접 규칙을 만들고 스스로 관리하는 구조였기 때문에 자원을 방치하거나 남용하지 않았던 거죠.

남자 음… 그러니까 사람들은 '이건 내 일이야'라고 느낄 때 더 잘 지킨다는 거네요?

작가 맞습니다. 공산주의 사회도 마찬가지예요. 누군가 위에서 일방적으로 '이렇게 하라'라고 명령하는 사회가 아니라, 구성원들이 생산과 분배 계획을 직접 세우고 실행하는 체계이기 때문에, 자원을 방치하거나 무책임하게 쓰지 않을 가능성이 높아지는 거죠. 스스로 결정하고 참여하는 경험이 쌓일수록, 오히려 공동체에 대한 책임감도 커지게 됩니다. **공산주의에서 '공유지의 비극'이 일어날 거라는 우려는 자본주의적 사고방식에서 나오는 오해일 수 있어요.** 바로 이 지점에서 '사회주의 단계'가 의미를 갖는 거죠. 사회주의적 과도기를 거치며 사람들의 인식과 문화도 공산주의가 가능하도록 서서히 바뀌어나갈 테니까요. 사람들의 가치관이나 목표도 많이 달라질 거예요. 지금처럼 소비

지향적 분위기가 아니라 '나는 무엇을 위해 사는가?', '가치 있는 삶이란 무엇인가?' 같은 존재론적 문제에 관심 갖게 되지 않을까요?

남자 (한숨을 내쉬고 고개를 저으며) 일단 저는 인간이 그런 존재라고 생각하지도 않지만, 아무리 좋게 생각해도 그건 너무나 먼 미래의 얘기예요. 물론 요즘 인공지능과 로봇이 발전하는 속도를 보면 그 시기가 좀 더 당겨질 수도 있겠다지만, 적어도 나나 작가님이 살아 있을 때 그런 세상을 볼 일은 없습니다. 어쩌면 내 자식놈도 못 볼 수 있어요. 그렇다면 중요한 건 종착지가 아니라 지금의 과도기 아니겠어요? 예전에 작가님이 현대 국가들은 자본주의적 요소와 사회주의적 요소가 공존하고 있다고 하지 않았습니까. 어쩌면 인류는 이미 과도기에 접어들었는지도 모릅니다.

작가 (눈을 동그랗게 뜨며) 그렇다면 인류가 사회주의 단계를 거쳐 공산주의로 나아가는 경로에 있다는 걸 인정하시는 건가요?

남자 (탐탁지 않다는 얼굴로) 뭐, 솔직히 인공지능과 로봇이 발달하면 노동자가 죄다 일자리를 잃을 텐데, 지금의 시스템이 영원토록 지속 가능하겠어요? 저도 그렇게 꽉 막힌 사람은 아니에요. 게다가 적어도 내 자식만큼은 변화하는 세상에 잘 적응하기를 바라는 마음이 큽니다. 미래를 정확히 읽어야만 성공할 가능성이 크지 않겠어요? 그래서 저는 먼 미래보다는 과도기에 어떤 변화들이 생길지 고민이 되고 관심도 있어요.

작가 일단 노동 시간을 더욱 단축해서 일자리를 나누는 방법이 논의될 가능성이 높지요. 예를 들어서 주5일 근무제에서 주4일 근무제 혹은 주3일 근무제로 전환되면 그만큼 일자리 창출이 가능할 테니까요.

남자 흠, 내가 노동자를 고용하는 사장이잖아요. 주3일제로 바뀌면 30명 고용할 일을 50명이나 고용해야 해요. 주5일 근무에서 주3일 근무로 전환했다고 노동자 임금을 40퍼센트 삭감할 수 있는 것도 아닐 겁니다. 특히 당장 로봇을 사용하기 어려운 분야에서는 인건비가 상승해 생산비용이 급증하고 제품 가격이 대폭 오를 거예요. 그러면 경쟁력이 떨어져서 살아남기 어려워요.

작가 주6일 근무제에서 주5일 근무제로 전환할 때도 비슷한 반대 의견이 있지 않았나요? 지금은 문제없이 주5일 근무제를 시행하고 있는데요.

남자 물론 그렇기도 하지만 제 의견은… 아! 그런데 내가 이렇게 딴지를 걸어도 되는 겁니까? 아까 나보고 '아 닥'하고 있으라고 한 거 아니에요?

작가 흐흐. 일단 기본적인 설명은 끝났으니까요. 게다가 제가 깜빡이를 안 켜고 여러 번 난입해서 미안한 마음이 있어요. 너무 억지스럽지만 않다면 얼마든지 딴지를 거셔도 좋습니다.

남자 네! 좋습니다. 그러면 주3일 근무제가 됐다고 칩시다. 내가 능력 좀 되는 노동자라면 작심하고 직장 두 곳을 다닐 겁니다. 월화수, 목금토, 이렇게 나눠서 말이에요. 능력 있는 사람들은 돈을 두 배로 벌게 돼요. 능력이 떨어지는 사람은 여전히 일자리도 못 얻을 거고요. 지금도 정규직과 비정규직으로 나뉘어서 임금 격차가 큰데, 주3일 근무제가 되면 투잡러, 원잡러, 실업자로 나뉘어서 소득 격차가 엄청나게 벌어질걸요? 사실 이런 얘기가 다 부질없는 게, 로봇과 인공지능이 충분히 발전하면 인간을 필요로 하는 일자리 자체가 별로 없어서 노동 시간 단축이 사실상 무의미해질 겁니다. 자본가는 이윤 추구가 목적이에요. 인공지능과 로봇을 안 쓰고 시장 경쟁에서 버틸 재간이 없어요. 정부에서

법을 만들어서 인간을 의무적으로 고용하도록 강제하지 않는 이상 방법이 없다고요. 그런데 그런 법이 말이나 됩니까? 차라리 기본소득 같은 것을 도입하는 게 나을 거라고 봅니다.

작가 하긴 기본소득을 대안으로 얘기하는 사람들도 적지 않죠. 기본소득에 관심이 있으신가 보군요?

공산주의자들과 기본소득

남자 솔직히 앞으로 젊은 사람들이 제대로 된 일자리를 찾기가 더 어려워질 거란 말이에요. 저도 회사를 운영하면서 사람을 뽑을 때 신입보다는 경력자를 선호해요. 갓 대학을 졸업한 사람들이 괜찮은 일자리를 얻는 일이 지금도 어렵지만 앞으로는 더 어려울 거란 말입니다. 차라리 국가가 모든 국민에게 묻지도 따지지도 말고 일정액을 매달 지급하면 좋겠어요. 최소한의 생계는 유지할 수 있는 수준으로 말이에요. 그러면 당장은 직업이 없더라도 굶어 죽지는 않을 거란 말입니다.

작가 재밌는 게, 기본소득은 심지어 자본가 계급에서도 은

근히 옹호하는 목소리가 나오고 있어요. 메타 창업자 마크 저커버그, 테슬라 창업자 일론 머스크, 오픈AI 창업자 샘 올트먼, 마이크로소프트 창업자 빌 게이츠 등 세계 최고 부자들도 온도 차이는 있지만 기본소득이 긍정적으로 검토되어야 한다고 얘기합니다.

남자 그 명단에 저도 좀 끼워주세요. 이래 봬도 나도 기본소득에 꽤 긍정적이란 말이에요. 돈으로는 몰라도 그런 방면에서는 저 사람들 못지않다는 겁니다.

작가 흐흐. 다음에는 꼭 사장님 이름도 넣겠습니다. 아무튼 제가 언급한 이들은 사장님을 제외하고는 최첨단 인공지능과 로봇을 개발하고 있는 회사 CEO입니다. 인공지능과 로봇의 영향력과 파급력을 누구보다도 잘 알고 있는 사람들이에요. 이들은 일자리가 대규모로 소멸하는 상황에서도 소비 시장이 위축되지 않으려면 기본소득으로 구매력을 유지해야 한다고 생각하는 겁니다. 자기들이 망하지 않으려면 말이죠. 게다가 실업자가 만연한 상황을 방치하면 사회에 대한 불만이 커지고 정치적·사회적 혼란이 확대될 수 있습니다. 자칫 자본주의 체제의 기초를 뒤흔들 위기마저 초래할 수도 있지요. 기본소득이 사회안전망 역할을 해 불만

	을 완화하고, 대규모 시위나 폭동을 미연에 방지해 사회적 리스크를 줄일 수 있다고 보는 거죠.
남자	내 생각도 그 CEO들과 같아요. 역시 수준이 비슷한 사람들끼리는 통하는 게 있어요.
작가	그런데 여기서 간과하지 말아야 할 부분이 있습니다. 기본소득을 꾸준히 지급하기 위한 재원을 어떻게 마련할 것이냐는 문제입니다.
남자	그거야 뭐, 세금 거둬서 마련하면 되지 않을까요?
작가	국민 대다수가 일자리가 없어서 기본소득으로 생활하는 판국인데, 정부가 제대로 세금을 거둘 수 있겠어요? 생각해 보세요. 정부가 이번 달에 10조 원을 들여서 국민에게 기본소득을 나눠줬어요. 사람들은 그 돈으로 시장에서 필요한 상품을 구매해 생계를 유지합니다. 그런데 국민 대부분이 실업자라 벌이가 없어 세금을 내는 게 불가능하단 말이에요. 그러면 다음 달 지급할 기본소득 재원은 도대체 어디서 마련하느냐 이겁니다. 돈을 계속 새로 찍어내서 지급할 수도 없는 노릇이죠. 그렇게 한다면 돈 가치가 급격하게 떨어져서 인플레이션이 심해지고 경제적 혼란이 가중될 거예요.

남자　….

작가　정부가 기본소득으로 국민에게 나눠준 돈은 어디로 갔을까요?

남자　흠, 사람들이 필요한 상품을 구매하는 데 사용했으니 그 상품을 판매한 회사로 가겠군요.

작가　그렇죠. 정부가 나눠 주는 기본소득이 계속 자본가에게 적립되는 겁니다. 그렇다면 정부 입장에서는 돈을 찍어내지 않고 기본소득 재원을 마련하려면 누구에게 걷어야 할까요?

남자　쩝. 자본가에게 걷어야겠군요.

작가　맞습니다. 기존에 자본가가 부담하던 세금보다 훨씬 많은 세금을 자본가에게 거둬야만 기본소득이 유지될 수 있는 거예요. 인공지능세, 로봇세 같은 얘기들이 나오고 있는 것도 그런 맥락이에요. 인공지능과 로봇으로 인해 야기된 문제이니 그것을 사용하는 너희들이 사회적 비용을 부담하라는 거죠.

남자　에잇! 지금도 세금 내는 것이 부담스러운데 인공지능세에다가 로봇세까지 내라고 하면 그냥 사업 접어버리렵니다. 이거 참 정말…. 자본가가 봉인지.

작가　그거 아시나요? 사실 마르크스주의자들은 기본소득에

	대해 대체로 비판적이에요.
남자	의외군요. 국민에게 매달 돈을 주는 정책인데. 빈곤 문제도 해결하고 불평등도 완화하고, 좌파들이 좋아할 만한 성질의 것이 아닌가요?
작가	이런 상황을 가정해 보죠. 정부가 갑자기 국공립병원과 국민건강보험 제도를 없애고 국공립 초중고등학교도 없애고, 아무튼 이런저런 공공서비스와 복지제도를 폐지합니다. 그렇게 해서 확보된 재원으로 국민에게 기본소득을 지급합니다. 그러면 이제 사람들은 사립학교나 사립병원을 다니면서 그 비용을 온전히 개인이 부담해야겠죠. 이건 사실상 민영화 정책이에요. 전에는 국가에서 보편적 복지로 제공되던 서비스들이 이제는 자신이 보유한 화폐로 구매해야 하는 상품이 되었으니까요. 의료나 교육이 온전히 시장 논리에 맡겨지면 예상되는 폐해는 굳이 제가 다시 말씀 안 드려도 잘 아시리라 생각하고요.
남자	흠….
작가	지금까지 저와 여러 번 얘기를 나누셔서 아시겠지만, 마르크스주의자들은 경제의 더 많은 영역이 공공부문으로 편입되어서 공동체 구성원에게 보편적 복지

로 제공되기를 지향합니다. 그런데 기본소득 제도는 자본주의 시장의 영역을 확대하는 특징이 있어요. 막말로 돈 줄 테니 그걸로 네가 필요한 재화나 서비스를 시장에서 구매하라는 거잖아요. 이건 자본주의 시장 친화적 정책이지, 생산수단의 사회화를 지향하는 사회주의와는 무관한 정책이에요.

물론 기본소득이 임시방편으로나마 절대적 빈곤이나 소득 불평등을 어느 정도 해소하는 긍정적 역할을 할 수도 있습니다. 설사 그렇다고 하더라도 기본소득제도가 도입되는 맥락을 잘 들여다봐야 합니다. 만약 공공부문을 축소하면서 기본소득이 도입된다면, 그건 마르크스주의적 관점에선 명백히 역사의 수레바퀴를 거꾸로 돌리려는 시도입니다. 기존 공공서비스나 복지를 축소하지 않고 오히려 늘려나가면서 그 보조수단으로 기본소득을 활용한다면 그나마 의미가 있다고 할 수 있겠지만요.

하지만 그런 취지로 기본소득을 도입하더라도 고민해봐야 할 중요한 지점이 있어요. 예를 들어 국가에서 새롭게 활용할 수 있는 재원이 10조 원 생겼다고 합시다. 그걸 기본소득으로 사용하는 게 나을지, 아니면 암 치료와 대학교 등록금 완전 무상에 활용하는 게 더 나을지 곰곰이 따져봐야 합니다. 과연 어느 쪽이 국민에게 더 도움이 될지 세세하게 체크해 볼 필요가 있어요. 어쩌면 기본소득제의 이러한 자본주의 친화적 성격 때문에 마크 저커버그, 일론 머스크, 샘 올트만, 빌 게이츠 같은 최고 부자들이 긍정적으로 얘기하는 걸지도 모릅니다. 자본주의가 유지되어야 자신들이 계속 막대한 부와 권력을 누릴 수 있으니까요. 막말로 개돼지들은 기본소득을 받아서 최소한의 생계만 유지하라는 거죠. 여러 부작용으로 수명이 다해가는 자본주의 시스템에 기본소득이라는 산소호흡기를 달아주어 생산수단이 사회화되는 사회주의의 도래를 저지하는 겁니다. **기본소득은 결국 다수의 대중을 소비자로서만 가까스로 머물게 하고, 인공지능과 로봇이라는 생산수단을 독점한 극소수 자본가의 특권과 권력을 지켜주는 역할을 하게 됩니다.**

남자 하! 그것참. 작가님이 해주는 마르크스 얘기 들으면 마음이 참 복잡해요. 새로운 생산력과 낡은 생산관계의 모순과 충돌로 역사를 설명하는 게 참 대단하고 작가님이나 마르크스나 정말 똑똑한 양반들이란 생각이

	들면서도, 돌고 돌아 결국 나 같은 자본가가 개새끼라고 결론이 나는 것 같아요. 참 기분이 거시기합니다, 거시기해요.
작가	아이고, 전혀 그런 생각으로 설명드리는 건 아닌데요. 마르크스의 주장을 있는 그대로 말씀드리려고 하다 보니….
남자	참으로 억울합니다. 내가 무슨 대단한 권력이 있다고 그러는지. 회사에서는 직원들 눈치 보죠, 집에서 가족 눈치 보죠, 요즘에는 고등학생 자식 눈치 보느라 피가 마를 지경이란 말이에요. 오늘도 작가님이 알려준 정당법 23조만 아니었으면 지금쯤 혈압 터져서 병원에 실려 갔을지도 몰라요. 후, 잠깐만 기다려주시겠어요? 이 사악한 빌런은 나가서 담배 한 대 좀 태우고 오렵니다.

물러날 수 없는 세계, 피해갈 수 없는 변화

현관문을 나서는 남자의 뒷모습을 보며 작가는 가죽이 다 뜯어진 가리모쿠 소파에 털썩 걸터앉았다. 문득 지난주에

나주 곰탕 밀키트를 먹다가 만난 역대급 쇠심줄이 떠올랐다. 치아의 단단한 에나멜질로 질겅질겅 씹어보았으나 한 치의 흐트러짐도 없는 그 고집스러움에 질릴 대로 질려 가래 뱉듯 내뱉어버린 그 녀석 말이다. 자기만의 유니버스를 쌓아온 50대 남자의 고집이란 바로 그런 것이 아닐지…. 작가와 남자는 너 나 할 것 없이 서로에게 더할 나위 없는 쇠심줄이었다. 그러함에도 이 엄청난 반발계수를 이겨내고 만남과 대화라는 저작운동을 이어가게 하는 원동력은 남자의 '묻지마' 부정父情이었다. 그 마음을 이해하고 공감하는 작가는 수천만 원대의 시계를 찬 이 남자가 자기 엉덩이 밑에 깔린 소파만큼이나 안쓰럽게 느껴졌다. 10여 분쯤 지났으려나, 남자가 와인이 담긴 박스를 들고 현관문을 들어선다.

남자 작가님, 이 와인이 뭔지 아십니까?

작가 (상자를 열어 라벨을 확인하고는) 아니! 이건 무려 샤토 디켐이네요.

남자 제가 일부러 단맛 나는 와인 중에 좋은 걸로 추천해 달라고 하니 이 와인을 보여주시더라고요.

작가 샤토 디켐은 프랑스 보르도의 소테른 지역에서 생산되는 최고급 귀부貴腐 와인이에요.

남자	귀부인 같은 와인이라고요?
작가	하하. 귀부 와인이에요. 귀貴하게 부腐패한 와인이라는 의미입니다. 영어로 Noble Rot이에요.
남자	아니, 세상에 귀하게 부패하는 게 어딨어요? 그냥 썩으면 썩는 거지.
작가	소테른 지역 특유의 기후 때문에 포도 껍질에 보트리티스 키네레아라는 곰팡이가 생기거든요. 곰팡이가 포도 껍질에 미세한 구멍을 만드는데 그곳으로 수분이 증발해 당과 산 성분이 농축됩니다. 그래서 당도와 산도가 높은 고품질 와인을 만들 수 있어요. 가져오신 샤토 디켐은 2005년 빈티지네요. 포도 작황이 상당히 좋았던 해입니다. 20년 묵었으니 지금 마시기 아주 좋을 것 같아요.
남자	그렇군요! 요즘 제 속도 썩어 문드러지는데, 우리 아이 서울대 의대 합격이라는 달콤한 결과를 내기 위한 과정인가요?
작가	그럼요, 그럼요. 그럴 거라고 믿습니다. 의대 합격의 달콤함을 샤토 디켐으로 미리 맛 좀 볼까요?
남자	지금 따시게요?
작가	이런 귀한 와인을 가져오셨는데 같이 마셔야죠. 화이

트 와인이라 좀 시원하게 마시는 게 좋으니 일단 칠링을 할게요. 그동안 안줏거리 좀 배달 시켜놓겠습니다. 단 와인에는 달달한 디저트가 제격이죠.

이내 안줏거리가 배달되고 두 사람은 각자의 잔에 담긴 황금빛 액체를 약속이나 한 듯 나란히 들이킨다.

남자 캬! 내 말이 맞구먼. 귀부 와인이 아니라 귀부인 와인이네. 맛이 이렇게나 엘레강스 노블레스 하잖아요!
작가 정말 그렇네요. 향기도 맛도 매우 육감적이면서 기품이 있어요. 정말 홀리겠네요.
남자 작가님! 이 와인도 참으로 맛있지만, 우리 애가 서울대 의대만 가면 이것과는 비교할 수 없는 달콤함을 느낄 거란 말이에요.
작가 말해 뭐 합니까. 당연하죠.
남자 흠…. 근데 인공지능이랑 로봇이 발전하면 의사 직업도 위태로울까요? 그래도 의산데, 괜찮겠죠?
작가 (챗지피티에게) 인공지능과 로봇이 발전하면 의사들도 대체되려나? 의사 직업의 안정성은 어떨 것 같아?
챗지피티 의사들이 AI와 로봇으로 완전히 대체될 가능성은 낮아 보여. 하지만 일부 영역에서는 변화가 클 거야. 예를 들어, 진단의 정확성과 속도를 높이기 위해 AI가 점점 더 많이 사용되고 있어. 영상 판독이나 병리학 분석, 그리고 알고리즘을 활용한 치료 계획 제안 같은 업무는 이미 AI의 강점이 드러나고 있는 분야야.

그렇지만 의사라는 직업이 단순히 기술적인 작업만으로 이루어진 건 아니잖아. 환자와의 신뢰를 쌓고, 심리적 지원을 제공하며, 복잡한 윤리적 판단을 내리는 일은 AI가 쉽게 따라 할 수 없는 부분이야. 특히 외과나 응급 상황에서는 인간 의사의 경험과 직관이 여전히 중요해.

결국 의사라는 직업은 사라지지 않겠지만, 역할이 재구성될 가능성은 커. AI와 협력하는 방식으로 일하는 게 표준이 될 거고, 그 과정에서 의사들은 기술적인 전문성 외에도 인간적인 면모를 더 부각시켜야 할 거야. 안정성은 비교적 높겠지만 변화에 적응할 준비는 필수겠지.

작가 그런데 왜 갑자기 반말이지? 아무튼 (남자를 바라보며) 이렇다네요.

남자 그것 보세요. 의사는 완전히 대체되기는 어렵다고 하

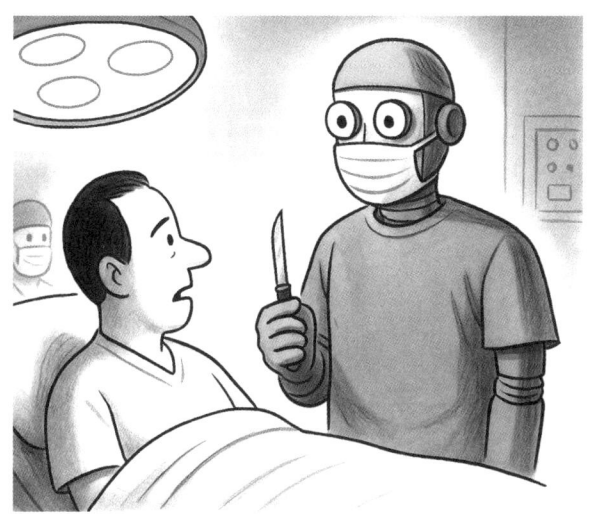

"아니, 로봇에 편견은 없어요. 그냥 메스만 안 들었으면 해요."

잖아요. 그럼 그렇지! 내 새끼 만세다!

작가 아이고, 누가 보면 벌써 자제분이 벌써 의사고시 합격한 줄 알겠습니다.

남자 곧 다가올 미래 아니겠습니까. 미리 적응할 수 있도록 훈련 해야죠! 그나저나 챗지피티 하나 굴리는데 어마어마한 전기를 소모한다던데요. 작은 국가 하나가 사용하는 전력 수준을 넘어선다고 하던네.

작가 미래에는 훨씬 적은 에너지로 더 놀라운 성능을 보여줄 가능성이 높아요. 초기 컴퓨터인 에니악은 건물 크

	기의 기계였던 데다가 엄청난 에너지를 썼지만 지금의 스마트폰 성능에도 훨씬 미치지 못했었거든요.
남자	맞아. 그랬었죠.
작가	인공지능 역시 시간이 지나며 더욱 작고 강력한 형태로 발전할 거예요. 기독교 성서의 창세기에는 하느님이 자기 모습대로 인간을 창조했다는 구절이 있어요. 저는 인공지능을 접할 때마다 그 구절이 떠오릅니다. 인공지능은 인간 두뇌의 뉴럴 네트워크를 모사해서 만들어졌거든요. 인간이 자기 모습을 본떠 인공지능을 창조했으니, 인공지능이 인간처럼 행동하는 것은 어찌 보면 당연한 거죠. 앞으로 뇌과학이 발전하면 인간 두뇌의 작동 방식을 더 깊이 이해하게 될 거예요. 그 원리를 적용한 인공지능은 지금보다 더 효율적이고 뛰어난 성능을 발휘할 겁니다.
남자	정말 천지가 개벽하는 엄청난 변화예요. 거대한 쓰나미가 몰려오는데 그저 해변에서 아무것도 할 수 있는 게 없어서 멍하니 바라만 보는 심정이에요. 솔직히 두렵기까지 합니다. 지금 마시고 있는 이 귀부인 와인 맛도 모를 정도예요. 공상과학물에서나 보던 일이 현실이 되고 있으니까요. 어쩌면 우리 애가 마르크스에

관심을 가지게 된 것도 이런 시대적 변화와 무관하지 않으려나요. 음…. 그렇다면 오히려 바람직한 건가? (고개를 빠르게 가로저으며) 아이고! 내가 미쳤지. 이 무슨 망발이야! 얼마 마시지도 않았는데 취한 건가? (자신의 입을 때리며) 이 입이 방정이구먼!

자율 연구 노트 4.
학교라는 상부구조

그동안 학교에서 대체로 이렇게 배웠다. 위대한 왕이 어떤 개혁을 단행했다든지, 천재 과학자가 혁신적인 발명을 했다든지, 아니면 민중들이 자유를 외쳐 혁명을 일으켰다든지. 그러니까 역사의 변화와 발전은 '위인들의 결정', '사람들의 의지와 노력', 혹은 '생각의 진보' 덕분이라는 식이었다.

그런데 역사 유물론은 이건 본말이 전도된 사고방식이라고 지적했다. 즉, 위대한 인물들의 결정이나 사람들의 정신은 사회 변화의 근본 원인이 아니라는 의미다. 사람들이 처한 '물질적인 조건', 그러니까 어떻게 먹고살고, 무슨 도구를 쓰고, 어떤 방식으로 일을 하는지가 먼저 바뀐 다음, 그런 변화가 사람들의 의식이나 제도, 문화의 변화를 추동한다는

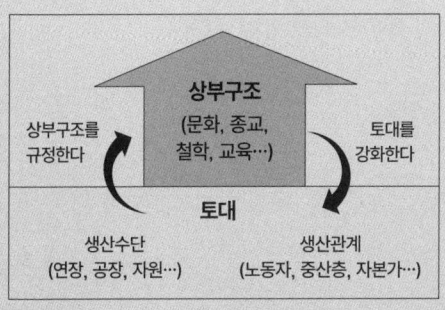

주장을 펴고 있었다.

역사 유물론에서 마르크스는 사회를 이해하는 독특한 렌즈를 제시한다. 바로 **토대**와 **상부구조**라는 개념이다. 토대란 쉽게 말해 사람들이 어떻게 먹고사는가를 결정하는 시스템이다. 여기에는 어떤 기술로 생산하는지(생산력), 그리고 누가 소유하고 지배하는지(생산관계) 등이 포함된다. 우리가 회사에서 일하고 월급을 받고, 사장은 공장을 소유하고, 컴퓨터와 로봇이 생산에 투입되는 이런 시스템 전체가 바로 토대다. 그런데 사람들은 단순히 먹고살기만 하는 게 아니다. 사회에는 법도 있고, 정치제도도 있고, 종교와 철학, 예술 심지어 교육제도까지 있다. 이런 것들을 마르크스는 '상부구조'라고 불렀다.

마르크스의 핵심 주장은 이것이다.

'토대가 상부구조를 규정한다.'

예컨대 노예제 사회의 토대에서는 노예 소유를 법과 제도로 정당화하는 상부구조가 들어선다. 서양 중세 기독교는 봉건영주가 농노를 지배하는 시스템에 종교적 권위를 부여했다. 자본주의 사회에서는 신분제(봉건적 상부구조)가 무너지고 사적 소유를 전방위로 강력하게 보호하는 법(자본주의적 상부구조)이 제정되었다. 요컨대 경제적 토대 위에 그에 걸맞은 상부구조가 형성된다는 것이다.

우리는 사적 소유 개념을 공기처럼 당연하게 받아들이지만, 사실 사적 소유라는 개념도 특정한 토대에 뿌리를 두었다고 볼 수 있다. 원시 공동체 사회에서는 사적 소유 개념이 희박했다. 힘을 모아 수렵 채집을 해도 부족원이 음식을 함께 나누면 남는 것이 없으니 사적 소유 운운할 상황이 아니다. 그러므로 원시 공동체 사회의 토대에서는 사적 소유라는 상부구조가 나올 수 없다. 오히려 공동 소유와 공동 분배의 '상부구조'가 불가피하게 형성된다. **잉여 생산물이 발생할 수 있는 생산력이라는 토대에서만 사적 소유라는 상부구조가 출현하게 되는 것이다.**

그런 의미에서 나와 친구들이 매일 앉아 있는 교실은 어떨까? 역사 유물론의 관점에서 보면 교육도 분명한 상부구조다.

자본주의 토대에서 교육 시스템을 살펴보면 흥미로운 점들이 보인다. 우선 학교가 언제부터 의무교육이 되었나 생각해 보자. 산업혁명 이후 공장에서 대량생산이 시작되면서 규율화된 노동자가 필요해졌다. 봉건시대 농노들은 학교에 다니지 않았다. 어차피 평생 농사만 지으니까 글을 몰라도 괜찮았다. 하지만 자본주의적 생산 시스템에서 일하려면 글을 읽고 쓸 줄 알아야 하고, 계산도 할 줄 알아야 한다. 출근 시간을 지키고, 윗사람의 지시에 따르고, 규칙과 규율을 배우는 훈련도 필요하다. 그러니 학교는 단순히 지식만 가르치는 데 그치지 않고, 자본주의 경제가 요구하는 '노동할 준비가 된 사람'을 만들어내는 역할도 하는 것이다.

더 중요한 건 교육 내용이다. 나는 수업 시간에 마르크스주의라는 걸 제대로 배워본 적이 없다. 역사 시간에 잠깐 공산주의가 등장하긴 하지만, 대부분 소련 붕괴나 북한 문제와 연결되어 부정적으로 소개될 뿐이다. 노예제 사회에서 노예제를 부정하는 교육이 이뤄지기 어렵듯이, 자본주의를 통렬하게 비판한 이론이 자본주의 사회의 정규 교육 과정에서 진지하게 다뤄지기는 어려운 것이다. 자본주의 토대 위에서는 자본주의 교육이 들어선다.

    언론도 그렇다. 뉴스에서 어떤 기업이 눈부신 실적을 올렸다고 보도될 때면, 늘 그 기업 총수의 이름만 대문짝만하게 언급된다. 아무개 회장의 리더십이 빛났다, 아무개 CEO의 경영 철학이 성과를 이끌었다는 식이다. 그 회사에서 실제로 일한 수많은 노동자의 노고를 칭송하는 내용을 접한 적은 없다. 회장 혼자 제품을 만들고 팔고 고객 응대를 한 게 아닐 텐데 말이다. 마르크스주의에 관심을 가진 이후로 익숙했던 장면들이 점점 낯설게 느껴진다. 더 파고들면 내 눈에 보이는 세상의 모습은 또 어떻게 달라질까?

5장

진정
나를 위해
살아가는 법

가장 중요한 시간은 언제나 지금이다.
가장 중요한 사람은 언제나 너의 앞에 있는 사람이다.
가장 중요한 행동은 언제나 사랑이다.

마이스터 에크하르트

'거절할 수 없는 제안'이라는 말이 있다. 프랜시스 코폴라의 영화 〈대부〉에서 주인공 역을 맡은 말런 브랜도의 대사에 나오는 표현으로, 거절하면 신변에 심각한 문제가 발생한 것을 암시하는 사실상의 협박이다. 하지만 일상에서는 거절하기에 너무나 매력적이어서 꼭 받아들여야 할 제안을 일컫는 경우가 많다. 지금처럼.

남자 어떠세요? 제가 말씀드린 거절할 수 없는 제안, 생각해 보셨어요?

작가 ….

남자 작가님이 마르크스 책 같은 거 팔아가지고서는 쉽게

작가	….

| 남자 | 어려운 일도 아니잖아요. 편지 한 통만 써주시면 되는 건데요. 제가 오죽하면 이러겠어요? 더는 기다릴 수가 없다고요. 아까도 말씀드렸잖아요. 이제 정당법 23조도 소용없어요. 아이 노트북에서 서울대 사회학과 ○○○ 교수와 주고받은 이메일 내용을 발견했단 말이에요. 그 학과에 진학하려면 무엇을 구체적으로 준비해야 하는지 아주 꼼꼼하게 문의했더라고요. 정말, 미치고 환장하겠네. |

작가　그러니까 지금 저보고 아이한테 편지를 써달라는 말씀인가요?

남자　제가 나쁜 짓 해달라고 부탁하는 게 아니잖아요. 작가님도 전에 그렇게 얘기하지 않았습니까. 꼭 사회학과에 가야만 마르크스주의자가 되는 것도 아니라고! 마르크스주의자가 되겠다고 굳이 사회학과에 진학할 필

만질 수 없는 액수의 돈입니다. (시계를 풀어 작가에게 보여주고 탁자 위에 놓으며) 당장 이 시계를 사고도 남을 정도의 돈이에요. 아시잖아요, 이 시계가 어떤 시계인지. 솔직히 돈 필요하시잖아요. 지금 이 소파 상태를 보고도 주저하십니까?

작가　….

남자　어려운 일도 아니잖아요. 편지 한 통만 써주시면 되는 건데요. 제가 오죽하면 이러겠어요? 더는 기다릴 수가 없다고요. 아까도 말씀드렸잖아요. 이제 정당법 23조도 소용없어요. 아이 노트북에서 서울대 사회학과 ○○○ 교수와 주고받은 이메일 내용을 발견했단 말이에요. 그 학과에 진학하려면 무엇을 구체적으로 준비해야 하는지 아주 꼼꼼하게 문의했더라고요. 정말, 미치고 환장하겠네.

작가　그러니까 지금 저보고 아이한테 편지를 써달라는 말씀인가요?

남자　제가 나쁜 짓 해달라고 부탁하는 게 아니잖아요. 작가님도 전에 그렇게 얘기하지 않았습니까. 꼭 사회학과에 가야만 마르크스주의자가 되는 것도 아니라고! 마르크스주의자가 되겠다고 굳이 사회학과에 진학할 필

요는 없다고, 의대에 가서도 멋진 마르크스주의자가 될 수 있다고 작가님이 얘기 좀 해달라는 거예요. 그것만 해주시면 제가 섭섭지 않게 사례금을 드리겠다는 겁니다.

작가 휴, 무슨 말씀인지는 알겠는데요. 제가 그런 편지 쓰는 게 과연 효과가 있을까요?

남자 그럼요! 아이 방 책꽂이를 보면 작가님이 쓴 책들이 가장 눈에 띄는 곳에 나란히 꽂혀 있어요. 책을 꺼내서 살펴보니까 빡빡하게 밑줄 그어진 곳이 많더라고요. 작가님도 사회학과 나온 거 아니잖아요. 원래 의대 가려다가 색약이라서 공대에 진학하시지 않았습니까. 그러면 우리 애도 의대 나올 수 있는 거잖아요. 작가님만 이공계 나오고, 너무한 거 아니에요? 제발 우리 애 좀 살려주세요. 제가 지금 지푸라기라도 잡는 심정이에요.

작가 제가 지푸라기군요….

남자 아이고, 무슨 말씀을 그렇게 하십니까. 그만큼 절실하다는 것이죠. 제가 작가님한테 좋은 와인을 몇 병이나 사 드렸나요? 누가 지푸라기한테 그렇게 한답니까.

작가 하긴 그런 와인을 마실 수 있다면 지푸라기라도 될 수

남자	있을 것 같긴 합니다만…. 제가 사례금에다가 와인도 원하시는 것으로다가 한 병 사 드릴게요.
작가	음…. 잠시만 기다려주시겠어요?

마르크스주의에 빠진 자식을 설득할 묘수

의자에서 일어나 천천히 책꽂이로 다가간 작가는 쭈그리고 앉아 맨 아래 칸에서 책 한 권을 꺼낸다. 그리고 이 칸 저 칸 한참 살피다가 추가로 두 권을 꺼낸 후 의미심장한 미소를 띠고 돌아왔다.

남자	갑자기 무슨 책인가요? 편지 쓰는 방법에 관한 책인가요?
작가	아닙니다. 한번 제목을 보시겠어요?
남자	『체 게바라 평전』, 『살바도르 아옌데: 혁명적 민주주의자』, 『프란츠 파농』. 체 게바라는 저도 아는데, 나머지 두 사람은 누군가요? 체 게바라가 있는 걸 보니 혹시 다들 혁명가인가요?

살바도르 아옌데(1908~1973)는 칠레의 내과 의사였다. 우수한 성적으로 의대를 졸업했지만 학생 시절의 정치 활동 전력으로 취업에 고전했다. 겨우 부검의로 취직해 하루 16시간씩 일하면서도 의료 봉사와 정치 활동을 이어나갔다. 점차 가난한 농민과 도시 노동자들 사이에서 깊은 신뢰를 얻은 그는 1970년 대통령에 당선된다. 아옌데는 '칠레식 사회주의'를 내세우며, 토지개혁과 광산 국유화를 단행했으며 교육과 의료의 공공성을 강화하고 빈민층을 위한 복지 정책을 적극적으로 추진했다.

작가 역시 눈치가 빠르시네요.

남자 아니! 이게 뭔가요. 불 난 데 부채질하자는 건가요? 아니면 저 보고 엿 먹으라는 건가요?

작가 잠깐만 제 얘기를 들어보세요. 이 사람들이 자제분 설득에 동원될 인물들입니다.

남자 무슨 말인가요? 지금 도대체 무슨 얘기를 하시는 거예요?

작가	이 세 사람은 혁명가라는 공통점 외에 또 다른 공통점이 있습니다.
남자	무슨 공통점인데요?
작가	세 사람 모두 의사입니다.
남자	(표정이 돌변하며) 헉! 정말요? 체 게바라가 의사였나요? 그 사람 좌익 게릴라로 총 들고 싸우지 않았던가요?
작가	맞습니다. 의사이면서도 게릴라였죠. 함께 게릴라 투쟁을 한 혁명 동지 피델 카스트로는 변호사였어요.
남자	참. 직업도 좋은 사람들이 뭐 하러 그렇게 살았을까.
작가	사회주의자이자 칠레의 대통령을 역임한 살바도르 아옌데는 의사로서 공공 의료에 관심이 많았어요. 프랑스의 식민 지배에 맞서 알제리민족해방전선에 투신한 프란츠 파농은 정신과 의사였고요.
남자	흠…. 그러니까 체 게바라도 의사였다는 식으로 우리 애를 설득하겠다는 거군요! 맞다! 이거야! 이거 괜찮은 아이디어인데요? 우리 애의 성향에 딱 들어맞는 접근 방식이에요.
작가	그동안 사장님하고 얘기를 나눠보니 아이가 어떤 스타일인지 어렴풋이 알겠더라고요. 자제분이 원래 의대 진학을 싫어했던 건 아니잖아요?

남자	싫어하긴요! 전에도 얘기했지만, 우리 애는 아픈 사람을 치료하는 일이라면 큰 보람을 느낄 것 같다고 관심을 보였단 말이에요. 그런데 말이에요. 작가님 강의를 듣고서는….
작가	전에도 말씀드렸지만, 자제분이 마르크스주의에 큰 충격을 받고 쑥 빠져든 상태란 말입니다. 아픈 사람을 고치는 일도 중요하지만, 병든 사회를 치료하는 일이 더 중요하다고 의미를 부여하고 있는 거죠. 의대 진학은 그러한 대의를 거스르는 행위라고 생각할 가능성이 커요. 요즘 사회 분위기가 공부 잘하면 당연히 의사가 되어서 돈 잘 벌어야 한다는 식이잖아요. 그러니 의대에 진학하는 건 뭔가 기득권에 투항하는 거라고 생각할 수도 있어요.
남자	휴, 그 기득권으로 키우려고 애 엄마랑 내가 얼마나 애를 썼는데 대체 뭔 소린지 모르겠네요. 그렇지만 꼭 우리 애가 할 것 같은 생각이긴 해요.
작가	자제분은 소신도 강하고 자기 주관이 뚜렷한 성격인데, 그런 친구에게는 지금 당장 마르크스주의에 관심을 끊으라고 하면 오히려 역효과가 날 겁니다.
남자	맞아요! 저도 그렇게 생각해요. 그래서 이 난리를 피

우고 있잖아요.

작가 우선 의사이면서 정의롭고 평등한 사회를 만들기 위해 노력한 사람들을 알려주는 겁니다. 체 게바라, 살바도르 아옌데, 프란츠 파농 말이죠. 마르크스주의자로서 신념을 가지고 의사가 되어서 보수 일변도인 의사 사회에서 진보적인 목소리를 내며 빛과 소금이 되라고 격려하는 거죠. 그게 사회학과에 진학하는 것보다 사회에 더욱 긍정적인 역할을 할 수 있을 거라고 독려해 볼게요.

남자 이야! 이건 확실히 실효성 있는 접근법이에요. 이거 먹힙니다, 먹혀요! (작가의 손을 덥석 잡으며) 제가 이래서 작가님을 좋아한다니까.

작가 (손을 슬그머니 빼며) 아직 일이 끝난 건 아닙니다. 대신 제 부탁을 하나 들어주시면 좋겠습니다.

남자 돈 액수가 부족한 거예요? 좀 더 올려드릴까?

작가 아니에요. 솔직히 편지 한 편 쓰고 받기에는 말도 안 되는 액수라고 생각하고 있습니다. 지금도 꿈인지 생시인지 볼을 꼬집어보고 싶은 심정이에요.

남자 제가 대신 확 꼬집어드릴까요? 완벽한 생시라는 걸 확실히 아실 수 있게. 그나저나 도대체 무슨 부탁인가요?

| 작가 | 거절할 수 없는 제안이라고 생각하시고 들어주세요.
| 남자 | 아이고, 뭘 제안하시려는지 겁나네요. 돈이 아니면 도대체 뭘….

사회주의자의 셈법

| 작가 | 몇 달 안에 제 신간이 출간될 예정입니다. 저한테 주시겠다는 돈으로 대신 그 책을 구매해서 지인이나 주변 분들에게 선물하시면 어떻겠어요?
| 남자 | 네? 어차피 저한테는 똑같은 돈이 드니 크게 상관은 없는데…. (고개를 갸우뚱하며) 작가님, 제가 잘 몰라서 그러는데, 책값에서 작가님 몫이 얼마인가요? 그 뭐, 인세라고 하던가요?
| 작가 | 책값의 10퍼센트입니다.
| 남자 | 뭐라고요? 그러면 제가 사례금으로 드리려는 돈의 10퍼센트만 작가님이 받는 셈 아닌가요?
| 작가 | 뭐, 그렇죠.
| 남자 | (정색하고) 작가님, 그냥 돈을 받으시는 게 어떨까요? 제가 마음이 편하지 않네요. 작가님이 너무 손해 보는 일

	이잖아요. 제 상식으로는 도무지 이해할 수 없어서요.
작가	(난감한 얼굴로) 그 큰돈을 덥석 받으면 마음이 편하지 않을 것 같아서 그렇습니다.
남자	아니 무슨 말씀이세요. 작가님이 저와 제 아이를 위해서 힘써주시니 사례금으로 드리는 건데요. 뇌물을 받는 것도 아니잖아요. 아무런 탈이 없는 돈이라고요. 막말로 작가님이 무슨 김영란법 적용 대상인가요? 고위 공직자 아니잖아요?
작가	쩝. 그렇죠. 방구석 백수죠.
남자	아니, 그런 의미로 말씀드린 게 아니고요.
작가	그렇게 큰돈을 덜컥 받으면 제가 마치 큰돈을 바라고 편지를 쓴 모양새가 되어버리는데요. 그런 상황을 받아들이기 어렵네요. 사장님이 저한테 줄 사례금으로 대신 제 책을 사서 주변 사람에게 나눠주시면, 저는 원래 얻을 수 있는 돈의 90퍼센트를 포기하는 거잖아요.
남자	맞아요. 그게 제가 이해가 안 되는 부분이에요.
작가	오히려 그렇게 해야 제 마음이 편한 겁니다. 돈 때문에 이 편지를 쓰는 게 아니다. 심지어 나는 받을 수 있는 돈의 90퍼센트를 포기하는 선택을 하지 않았는가. 그래야 저 스스로 납득할 수 있달까요. 그리고 사장님

이 주변 분들에게 제 책을 선물하면, 제가 하고 싶은 얘기가 좀 더 많은 사람에게 가닿을 수 있고요. 저로 서는 무척 의미 있고 반가운 일인 거죠.

남자   그것참 이상한 셈법이군요. 아무리 계산기를 두들겨도 기대 수입의 90퍼센트를 날리는 건데….

작가   음, 사회주의식 셈법, 아니 양심의 셈법이라고 이해해주시면 좋겠습니다.

남자   저는 죽었다 깨어나도 사회주의와는 친해지기 어려울 것 같네요. 아무튼 작가님 뜻은 잘 알겠습니다. 원하시는 대로 처리하겠습니다. 그러니 편지만 좀 잘 써주십죠.

기다렸다는 듯 술판이 벌어졌다. 두 사람이 만난 이후 그 어느 때보다 분위기가 좋다. 서로를 잘 이해하게 되어서 그런 건 아니다. 그저 두 사람 모두 원하는 것을 얻어냈다는 승자의 얼굴을 하고 있을 뿐이다. 하긴 부모 자식 사이도 서로 이해하기 어려운데, 생판 남남이 꼭 상대를 이해할 필요가 있겠는가. 그저 각자의 목적을 달성하며 윈윈하면 그만인 것을.

작가   역시 프리외르 로크 레 쉬쇼 2011이네요! 명물허전!

이것도 그 와인 바 사장님이 추천하신 거죠? 이 비싼 걸….

남자 작가님이 맘에 들어 하시니 다행입니다. 오늘은 저도 날이 날이니만큼 작심하고 가져왔지요. 일이 잘 풀려서 다행이에요. 그런데 와인 이름이 무슨 2차 세계대전 때 독일군 암호문처럼 복잡하네요. 한번 들어가지고서는 도무지 기억할 수가 없어요.

작가 이 와인의 출생지인 프랑스 부르고뉴 와인들이 특히 그런 편이죠. '프리외르 로크'는 와인을 만든 회사 이름이고요. '레 쉬쇼'는 부르고뉴의 포도밭 이름입니다. '2011'은 아시다시피 포도를 수확한 연도고요.

남자 밭 이름을 라벨에 적나요?

작가 부르고뉴에서는 특별히 좋은 밭에다가 따로 이름을 붙여놨어요. 부르고뉴에서 재배하는 피노 누아 포도 품종은 기후와 토양, 재배하고 양조하는 사람의 손길에 대단히 민감하거든요. 바로 옆 밭인데도 토지 경사도가 살짝 다르면 수확하는 포도 품질이 확 차이날 정도예요. 그래서 일일이 밭에다가 이름을 붙여놓는 거예요. 라벨에다가 그 유명한 밭에서 재배한 포도라고 자랑하는 거죠. 진지한 와인 애호가들은 부르고뉴에

	있는 밭 이름을 싹 다 외우기도 합니다.
남자	아이고, 저는 들어도 무슨 소린지 잘 모르겠네요. 그래도 눈이 동그래질 정도로 맛있다는 건 알겠어요.
작가	이 놀라운 집중도와 깊이감! 흠…. 구름 사이로 드문드문 별빛이 비추는 밤, 외딴섬 해변에 앉아 주기적인 파도 소리에 취해 무작정 바다를 바라보는 아득함이 느껴집니다.
남자	작가님, 괜찮으십니까? 아까부터 향기만 맡고 별로 드시지도 않는데, 만취한 이태백처럼 뭔가 이상야릇한 얘기를 읊어대시네요. 하지만 그렇게 호들갑 떠는 게 어느 정도 이해됩니다. 잘 모르는 내가 마셔도 이렇게 맛있는데 말이에요. 이러다가 저도 와인에 맛 들이겠어요.
작가	부르고뉴 와인에 맛 들이면 패가망신한다는 말이 있지요. 한 재산 다 마셔버리게 된다고요.
남자	제가 한 재산 들여서라도 좋은 부르고뉴 와인으로다가 한 병 작가님께 사드릴게요. 편지만 잘 써주세요. 꼭 한 땀 한 땀 정성스런 손 글씨로 써주셔야 합니다. 컴퓨터 문서로 작성해서 출력하시면 곤란합니다.

관점을 바꾸면 풍경이 달라진다

주거니 받거니 잔 속 와인을 비워가는 50대 두 남자. 병 안에 와인이 3분의 1정도 남아있을 무렵이었다. 의자에 한껏 등을 기대어 편지 문안 요구사항을 구구절절 얘기하던 남자는 와인 한 잔을 비운 후 자세를 고쳐 작가가 앉은 쪽으로 몸을 기울인다.

남자   작가님, 아시다시피 우리 나이쯤 되면 다른 사람이 하는 얘기나 조언이 잘 귀에 안 들어오지 않습니까. 사회생활 차원에서 들어주는 척을 하는 거지요.

작가   아무래도 그렇지요.

남자   솔직히 이렇게 작가님을 여러 번 만나서 마르크스주의 얘기를 들었다고 제가 마르크스주의자가 되겠습니까? 반대로 작가님이 제 얘기를 듣는다고 자본주의자가 되겠습니까. 서로 그럴 일 없다는 건 잘 알고 있잖아요. 그냥 자식 문제로 만나게 된 거지.

작가   그렇지요.

남자   그런데 오늘 처음으로 작가님에게 호기심이 생겼어요.

작가   네? 왜 갑작스럽게?

| 남자 | 조금 전 작가님이 말했던 특유의 셈법 있잖아요.
| 작가 | 아. 사례금 대신 책을 사달라고 한 거요?
| 남자 | 그 얘기를 듣고 작가님이 참 독특한 관점을 가지고 있다는 생각이 들었거든요. 저라면 그런 생각을 안 했을… 아니 못 했을 거예요. 보통은 돈 액수를 기준으로 판단할 텐데 말이에요.
| 작가 | 사장님이 방금 **관점**이라는 단어를 사용하셨잖아요. 관점을 사전에서 찾아보면 '사물이나 현상을 관찰할 때, 그 사람이 보고 생각하는 태도나 방향 또는 처지'라고 나오는데요. 저도 그 정도로만 생각하다가, 첫 책을 쓰면서 이 단어에 대해 진지하게 생각하게 되었어요. 중남미에 위치한 나라 베네수엘라의 정치적 변화 과정을 연구한 책인데요. 예전에 중남미 하면 저는 크리스토퍼 콜럼버스가 우선 떠올랐어요. 어릴 때 교과서에서 콜럼버스가 중남미 대륙을 발견했다고 배웠으니까요.
| 남자 | 지리상의 발견, 신대륙의 발견이라고 하잖아요. 콜럼버스가 원래 인도에 가서 후추를 떼어 오려고 했는데 항해 중 우연히 중남미를 발견한 거고요.
| 작가 | 그런데 생각해 보세요. '발견'이라는 단어를 사용하

려면 거기에 사람이 없었어야죠. 하지만 콜럼버스가 1492년에 중남미에 갔을 때는 이미 수천만 명의 사람들이 살고 있었단 말입니다. 마야, 잉카, 아즈텍. 누구나 들어본 문명이잖아요.

남자 흠, 그렇긴 하네요.

작가 수천만 명에 달하는 사람들이 졸지에 콜럼버스가 봐주기 전에는 존재하지도 않았던 '김춘수의 꽃'이 된 거죠. 만약 콜럼버스가 1492년에 중남미가 아니라 조선으로 왔다면, 우리 조상들이 콜럼버스에게 발견되는 걸까요? 세상에나, 발견이라니! 저는 이보다 더 오만한 단어를 들어본 적이 없어요. '발견'은 선주민의 존재를 무시하고 배제하는 유럽인의 관점이 투영된 단어입니다. 정확하게 표현하자면, 두 문명이 독자적인 공동체를 꾸려가다가 우연히 그 시기에 처음으로 만났을 뿐이죠.

남자 확실히 발견이라는 단어는 적절하지 않군요. 동의합니다.

작가 그렇다면 그곳에 살던 선주민의 관점에서는 이 만남이 어떤 의미로 다가왔을까요? 두 문명의 만남 후 150년이 지나고 그 지역 인구가 수천만 명에서 350만 명

정도로 급감했습니다. 세속적 욕망과 탐욕에 사로잡힌 스페인 사람들이 중남미 지역으로 진출해서 히틀러 정도로는 명함도 내밀 수 없는 인류 역사상 최악의 인종청소를 자행했거든요. 콜럼버스의 악행은 그중에서도 단연 압권이었다고 해요. 선주민들을 노예로 삼아 귀금속을 채굴하라고 강제하고 책임량을 채우지 못하면 손목을 잘랐습니다. 반항하면 코와 귀를 자르고 개가 물어뜯도록 했다고 합니다. '신대륙의 발견'이란, 그 지역 선주민 관점에서는 외적의 침략과 대량학살이었어요.

남자 어릴 때 콜럼버스의 위인전을 읽었을 때는 이런 얘기가 없었는데요.

작가 그러니까 말입니다. 그래서 요즘에는 위인전에 잘 들어가지 않나 봐요. 지금은 좀 나아진 편이지만, 우리 때만 해도 세계사를 전공한 학자들이 대체로 서양 학자들의 과거 연구 성과만을 가지고 공부했으니까요. 그러니 스페인의 침략에 맞서 공동체를 지키기 위해 목숨을 걸었던 그 수많은 선주민 이야기는 어디서도 들을 수 없는 거죠. 우리가 배우는 세계사는 제국주의의 관점에서 서술되어 있었던 겁니다. 보세요. 하나의 사건이 유럽인의 관점에서는 '지리상의 발견'이 되고, 선주민의 관점에서는 '인류 역사상 최악의 인종청소'가 됩니다. 그러니 관점이란 게 얼마나 중요합니까.

남자 문득 광주 민주화 운동이 생각나네요. 군부독재 시절에는 광주에서 폭동이 일어났다고 했었죠. 국민에게 그렇게 세뇌했고요. 군부독재 정권의 관점에서는 '폭동', 민주화를 열망하는 시민의 관점에서는 '민주화 운동'인 거죠.

작가 맞습니다. 학교 교육, 미디어의 뉴스, 출간되는 책에는 다 나름의 관점이 깔려 있어요. 저나 사장님 세대는 공교육을 통해 반공 사상을 주입받았죠. 신문 국제면에 실린 뉴스를 보면 대부분 그 소스가 AP, 로이터, 뉴욕 타임스, BBC 같은 미국 및 유럽 언론이에요. 심지어 중동이나 중남미 소식조차 서방 언론을 통해서 접하잖아요. 은연중에 특정 관점으로 세상을 보도록 길들여지는 겁니다.

특히 우리 모두에게 모국어만큼이나 체화되어 있는 관점이 하나 있는데, 그것은 바로 '돈'이에요. 아무래도 자본주의 사회다 보니 어쩔 수 없는 측면이 있기는 하죠. 돈은 항상 들이마시는 공기처럼 자연스러우면서도 주변의 모든 것을 녹여버리는 마그마처럼 강력해서, 거의 모든 경우에 가치판단의 잣대로 기능합니다. 전 이런 기준이 판단을 왜곡한다고 생각해요. 실제 효용이 아니라 시장가치만을 기준으로 삼게 되죠.

남자 실제로 시장을 중심으로 돌아가는 세상에서 그게 잘못된 걸까요?

작가 시장에서 매길 수 있는 가치만으로 우리가 살아갈 수 있는 건 아니잖아요. 흔한 예가 하나 있죠. 배우자가 전업주부인 직장인 남성과 얘기를 나누다 보면 '아내는 내가 벌어다 주는 돈 쓰며 집에서 논다'라고 짓궂게 얘기하는 경우가 간혹 있는데요. 과연 아내는 집에서 노는 걸까요? 전업주부의 가사 노동과 육아 노동이 없다면 우리 사회는 제대로 굴러갈 수 없습니다. 직장인 남성이 일에 전념할 수 있는 것도 아내가 가사 노동과 육아 노동을 전적으로 책임지기 때문이에요. 사실이 이런데도 전업주부를 보고 너무나 쉽게 논다고 얘기합니다.

그런데 참으로 이상한 게 있어요. 아내가 자기 자식 돌봐주고 자기가 사용한 밥그릇을 씻어주면 집에서 논다고 말하는 사람들이, 아내가 가사도우미로 남의

	자식 봐주고 남의 집 밥그릇 씻어주면 일한다고 말합니다.
남자	…!
작가	이 차이가 어디에서 오는 걸까요?
남자	음. 돈이 되느냐, 안 되느냐로 나뉘겠죠.
작가	과연 자기 자식 봐주는 건 가치가 없는 일이고, 남의 자식을 봐줘야 가치 있는 일인 건가요?
남자	그건 말이 안 되죠. 내 자식이 얼마나 소중한데.
작가	그렇지요. 이렇게 우리는 언제부터인가 별다른 의심 없이 돈을 철저하게 가치판단 기준으로 삼고 있습니다.
남자	뭐, 작가님 얘기에 수긍할 만한 부분이 없는 건 아니에요. 하지만 맨날 돈에 대해서 비판적인 얘기만 하시는데, 좀 솔직해집시다. 작가님, 돈 싫어하세요? 솔직히 돈 좋아하잖아요. 제가 책 사드리니까 좋잖아요.
작가	아이고, 말해 뭐 합니까. 당연히 저도 돈 좋아하지요. 강연 요청이 들어오면 강연비가 얼만지 궁금하고 신간을 내면 수시로 인터넷서점 판매지수를 확인합니다. 방송에 출연했을 때 하도 과도하게 책을 홍보해서 성냥팔이 소녀 이후 최고로 불쌍한 책팔이 소년이라

	는 핀잔까지 들었다니까요.
남자	하하하. 작가님도 참 말씀 재밌게 하시네요.
작가	어쩌겠어요. 자본주의 사회에서 먹고살려면 돈이 필요한걸요.
남자	그런 걸 아신다면 이렇게 살면 안 되는 것 아닙니까?
작가	확실히 돈의 관점에서 보면 작가 직업을 선택한 제 판단은 큰 실책이라고 할 수 있습니다. 전공을 살려서 계속 직장생활을 했다면 지금쯤 경제적으로도 훨씬 안정되었을 거예요. 그런데 웬걸요? 이 인생, 전혀 무르고 싶지 않아요. 다시 태어나도 이 삶을 선택하고 싶을 정도로 만족스러워요.
남자	어떻게 그럴 수가 있죠? 이 소파 상태를 보고도 그런 말을 할 수 있나요?
작가	**돈이 아니라 시간의 관점에서 제 인생을 보게 되면, 참 잘살고 있다는 결론이 나오거든요.**

인생의 절반을 어떻게 보낼 것인가

남자	시간의 관점에서 본다고요?

작가   그렇습니다. 직업을 돈이라는 기준에서만 보면 사실 답이 명확하지요. 돈 많이 버는 직업이 좋은 직업 아니겠어요? 일주일에 100시간을 일하든 말든 통장에 돈이 차곡차곡 쌓이면 좋은 거죠. 고강도 근무로 소문난 금융 계열 직장이나 의사, 변호사 같은 직업을 사람들이 선망했던 것도 그런 이유가 가장 컸고요. 하지만 많은 사람이 중요한 사실을 잊고 있습니다. 그 돈을 벌기 위해서 갖다 바쳐야 하는 것이 있다는 사실 말이죠. 바로 '시간'입니다.

남자   ….

작가   직장인의 삶을 시간의 관점에서 분석해 보죠. 일주일은 24×7=168시간입니다. 직장인의 삶은 크게 보면 수면, 일, 여가로 구성되는데 수면, 일, 여가에 할애되는 시간을 하나하나 따져보죠. 한국 성인의 평균 통계에 따르면 하루 평균 수면시간이 7시간 정도거든요. 그렇다고 하면 일주일에 7×7=49시간을 잡니다.

남자   다른 사람은 모르겠는데, 나는 그렇게 많이 안 잡니다.

작가   역시 그러시군요. 하지만 일단 편의를 위해 이렇게 가정해 볼게요. 주5일 근무에 하루 8시간 일하면서 '칼출근', '칼퇴근'을 해도 일주일에 60시간이죠?

남자 엥? 40시간 아닌가요?

작가 출퇴근도 업무의 연장이니까요. 출퇴근 시간도 합산해야죠. 회사도 안 다니는데 취미 삼아 출퇴근하는 사람은 없지 않나요? 후후.

남자 그렇게 따지면 머리 감는 시간도 업무 시간이겠네요. 출근 안 하는 날에는 머리 안 감으니까.

작가 하하. 그것도 말 되네요. 합산할까요? 아무튼 이래저래 따져보면 아무리 적게 잡아도 일주일에 60시간은 일과 관련된 시간을 보낸다고 할 수 있습니다. 여가 시간은, 일주일(168시간) 중에 수면 시간(49시간)과 업무 시간(60시간)을 제외하면 59시간이 남아요. 참고로 여기서 여가가 노는 시간을 말하는 건 아닙니다. 기술적인 개념에 가까워요. 일과 수면을 제외한 시간은 전부 들어가죠.

대략 일주일 중 3분의 1은 자고, 3분의 1은 일하고, 삼분의 일은 여가 시간인 거죠. 요컨대 직업을 갖는다는 건 해당 기간 중 3분의 1을 파는 겁니다. 수면시간은 어쩔 수 없는 생물학적 충전 시간이니 제외하고 보면, 깨어 있는 시간 중에서 최소한 절반 이상을 판다는 얘기가 됩니다. **내가 통제할 수 있는 시간의 절반 이상을**

파는 것, 그것이 바로 직업을 갖는 것입니다. 서는 곳이 달라지면 눈에 들어오는 풍경이 달라진다고 하잖아요. 시간의 관점에서 살펴보니 비로소 이런 풍경이 눈에 들어오는 거죠.

남자   흠…. 지금 풍경도 나쁘지 않은데요? 저도 깨어 있는 시간은 거의 다 일합니다. 하지만 그래서 이루는 게 있잖아요? 게다가 사람들이 일을 하지 않으면 우리 모두가 어떻게 먹고살겠어요? 누군가는 소를 키워야 할 거 아닙니까.

작가   사장님처럼 직장생활에 의미를 느끼는 분들도 계시죠. 하지만 일이 적성에 안 맞는데도 그저 밥벌이를 위해 직장생활을 지속해야만 하는 상황에서는 그 풍경이 사뭇 다른 느낌으로 다가오더군요. 제가 딱 그랬어요. 한동안 직장 생활을 했지만 즐거움도 의미도 느끼지 못했고, 여가 시간이 거의 없어 늘 지쳐 있었죠. 사람이 정말로 가진 건 시간밖에 없는데 그걸 모조리 빼앗기고 있었던 거예요. 그런데도 그만두는 데 5년이나 걸렸으니까요.

남자   정말 잘 맞지 않으셨나 보군요. 하지만 일을 안 하고 살 수 있는 인생은 거의 없잖아요? 그게 딱히 좋은 삶

	일 것 같지도 않고요.
작가	그렇죠. 약간 예술가 기질이 있어서 그런 것 같기도 하고. 원래 제 소싯적 꿈은 작곡가였거든요. 초등학교 5학년 때부터 피아노를 배우고 잠깐 작곡을 공부하기도 했는데, 음악 전공을 준비하는 친구들보다 한참 늦은 나이였지만 배움이 정말 즐거웠어요. 뭔가를 열심히 한다는 게 꼭 괴로운 게 아니라는 걸 알게 됐죠. 하지만 아주 넉넉했던 집도 아니고, 음악 전공해서 집에 폐를 끼치는 건 아닌지 부담됐습니다. 결국 포기하고 인문계 고등학교에 진학했죠. 다행히 성적이 좋아 서울대 전기전자제어계측공학과군에 지원해서 합격했어요. 수학과 물리를 좋아하니 왠지 적성에 맞을 것 같기도 하고, 인기 학과에 가야 어디 가서 내세우기도 좋고 취직도 잘되지 않나 싶었거든요. 하지만 대학 생활은 기대와는 달랐어요. 학과 공부가 전혀 적성에 맞지 않더라고요. 인기 학과에 진학하면 모든 게 잘 풀릴 줄 알았는데, 그렇지 않았던 거예요.
남자	저런… 하긴 저도 대학교 전공은 잘 맞지 않았어요. 그냥 개중 유망한 걸 했던 거죠. 그래도 대학 다니는 건 즐거웠던 것 같은데요. 별생각 없이 몰려다니며 술

마시고 그러잖아요.

작가 저도 그런 즐거움이 없었던 건 아니지만, 꿈이 없다는 점이 힘들었어요. 고등학생 때는 그나마 서울대학교 진학이 꿈이었는데, 막상 합격하니 부여잡고 살아갈 꿈조차 없어진 거예요. 상황이 이렇다 보니 마치 줄 끊어진 연처럼 중심을 잡지 못하고 그저 주위에서 부는 바람에 휩쓸려 이리저리 부유할 뿐이었어요. 그렇다고 소중한 인생을 될 대로 되라는 식으로 살 수는 없잖아요. 그냥저냥 학과 공부를 따라가서 반도체 소자 연구로 석사학위를 받고 기업에 연구원으로 취직했습니다. 꼬박꼬박 통장에 돈이 꽂히면 소소하게나마 사는 재미가 있지 않을까 싶었죠. 그런데 직장을 다니니 세상에나, 방학이 없는 거예요.

방학이 없어진 삶과 맞닥뜨리며

남자 아니. 그걸 모르고 입사하신 건 아닐 텐데요. 방학이 없는 게 당연한 거죠.

작가 그걸 머리로 아는 것과 몸으로 직접 체감하는 건 다르더군요. 내내 방학 있는 삶을 살아왔는데, 입사하니 이제 기대할 것이라곤 일주일 남짓 하는 여름휴가뿐이었죠. 업무는 적성에도 안 맞아 별다른 흥미와 보람도 못 느끼고요. 게다가 사상적으로는 마르크스주의자이다 보니 먹고살기 위해 자본가에게 고용되어 시간만 빼앗긴다는 생각이 강하게 들더라고요. 언제부터인가 정기적으로 입금되는 월급과 직장에 갖다 바치는 시간을 천칭 양쪽에 올려놓고 저울질하는 나 자신을 발견하게 되었습니다. 균형추는 갈수록 시간 쪽으로 기울어만 갔죠. 아무리 돈이 좋더라도 흥미와 보람을 느끼지 못하는 일에다가 시간을 팔고 있으니, 심지어는 하루 중에 꿈꾸는 시간이 제일 기다려질 정도였어요. 오늘은 좀 재밌는 꿈이라도 꿨으면 좋겠다고 빌면서 잤다니까요. 하루하루가 행복하지 않았어요. 시간을 다 잃어버리고 있는 느낌이랄까요. 그러던 어느 날, 잡지를 읽다가 어부가 등장하는 우화를 우연히 접하고 망치로 머리를 한 대 얻어맞은 것 같은 충격을 받았습니다. 어떤 우화인지 한번 들어보시겠어요?

남자 좋습니다. 그렇게 얘기하시니 궁금하네요.
작가 이런 이야기입니다.

미국의 사업가가 멕시코 어촌 마을 부두에서 우연히 한 어부를 만났다. 어부의 배에는 이제 막 잡은 참치 몇 마리가 보였다.

"참치가 때깔이 참 좋네요. 잡는 데 오래 걸리나요?"

"아니요. 금방 잡아요."

"그러면 남는 시간에는 뭐 하시나요?"

"집에서 늦게까지 푹 자다가 애들이랑 놀아주기도 하고, 밤에는 아내나 동네 친구놈들이랑 와인도 마시고 기타 치고 노래 부르면서 수다 떨죠. 생각보다 바쁘게 삽니다. 하하."

어부의 말을 듣던 사업가는 뭔가 안타깝다는 듯 고개를 가로젓는다.

"저라면 다른 선택을 하겠습니다. 전 하버드대학에서 MBA를 했어요. 괜찮으시다면 조언을 드리고 싶은데요."

"좋은 데 나오셨네요. 많이 배우신 분이니 잘 좀 가르쳐주십쇼."

"참치 잡는 데 좀 더 많은 시간을 쓰세요. 돈을 모아서 큰 배를 장만하는 겁니다. 그러면 더 많은 참치를 잡을 수 있고 배를 몇 척 더 장만할 수 있어요."

"그렇군요."

어부가 연신 고개를 끄덕이며 경청하자 사업가는 약간 으쓱해져서 어깨를 들썩이며 말을 이어간다.

"배가 여러 척이 되면 참치를 훨씬 더 많이 잡을 수 있고, 그렇게 번 돈으로 통조림 공장을 세우세요. 지금은 통조림 제조업자한테 납품하고 계시죠?"

"네에."

"직접 통조림 공장을 세우면 그 사람들이 버는 돈까지 당신에게 바로 들어오게 되지요. 그러면 이 작은 어촌을 떠나 수도인 멕시코시티로 이사할 수 있을 겁니다. 사업이 잘되면 제가 있는 뉴욕으로 오실 수도 있고요."

"그런데 말씀하신 걸 하려면 얼마나 걸릴까요?"

"음… 제 경험상 대략 15년에서 20년 정도 예상됩니다."

"그런가요? 그다음에는요?"

"인내심을 갖고 차근차근 회사를 키우면 적절한 시기에 상장할 수 있어요. 그러면 말 그대로 잭팟이 터지는 거죠. 회사를 매각하면 수백만 달러가 통장에 꽂히는 겁니다."

"그래요? 그다음에는요?"

멕시코 촌동네 어부조차 감화시키는 자신의 모습에 만족하며, 사업가는 팔을 들고 허공을 응시하며 꿈을 꾸듯 말한다.

"드디어 멋지게 은퇴하는 거죠. 가족과 함께 한적한 시골로 이사를 가는 겁니다. 집에서 늦게까지 푹 자다가 손주들이랑 놀아주기도 하고, 밤에는 아내나 동네 친구놈들이랑 와인도 마시고 기타치고 노래 부르면서 수다도 떨고요. 정말 그 순간이 기다려지네요. 생각만 해도 멋지군요."
"음… 저는 지금 그렇게 살고 있는데요?"

남자 뭐, 여운이 있는 인상적인 이야기네요.
작가 독일 작가 하인리히 뵐이 1963년에 쓴 단편소설이 원작이라는데, 멕시코 어부와 미국 사업가가 등장하는 형태로 각색됐다더군요. '너는 지금 그대로 살아도 괜찮은가?'라는 근본적인 질문을 던지는 느낌이었습니다. 문득 그런 생각이 들었어요. 사람들은 행복을 추구한다고 믿고 있지만, 실상은 눈앞의 행복을 먼 미래로 미루기만 하는 건 아닌지.
남자 ….
작가 그렇잖아요. 고등학생 대부분은 행복을 미루며 입시 준비에 매진하죠. 좋은 대학만 가면 행복해지니 조금만 더 참고 노력하라는 어른들의 닦달 탓입니다. 대학교에 진학하면 드디어 행복해지나요? 비싼 학비 때문

"2043년에 행복할 예정이야, 시장 상황에 따라 말이지."

에 학업과 아르바이트를 병행하기도 하고, 바늘구멍보다 좁은 취업문 탓에 학점과 스펙에 목을 매고. 대학에 와서도 행복을 미룹니다. 취직만 하면 문제가 해결된다고들 말하기 때문이에요. 그렇게 믿고 대학원까지 진학하고 석사까지 따서 취직했는데… 모르겠습니다. 제가 운이 없어서 그런지 몰라도 적성에 맞지도 않고 힘들었어요. 흥미도 보람도 못 느끼고요. 더욱 암울한 건, 직장을 그만두지 않으면 이 삶이 매년 반복된다는 사실이었어요. 안 그런 사람도 있겠지만 안타깝게도 당시의 저는 그랬습니다.

그렇게 방학 없이 직장에 다니다가 인연을 만나 결혼

하면, 숨 쉬는 것 빼고는 어느 것 하나 스스로 할 수 없는 핏덩이가 품 안에 떨어지죠. 이때부터 진정한 '타인'을 위한 삶이 시작됩니다. 직장 다니랴, 애 키우랴, 넋 놓고 살다 보면 언제부터인가 행복이라는 단어를 떠올리는 것조차 사치스러운 일이 됩니다. 한편으로는 행복이라는 단어를 저 멀리 안 보이는 곳에 치워놓고서는 삶은 원래 이런 것이라고 스스로 되뇌며 살기도 합니다. 이런 식으로 행복을 미루기만 하면, 어떻게 행복이란 놈이 나에게 다가올 수 있을까요? 하나 마나 한 말이지만, 행복을 미루면 행복은 오지 않으니까요.

행복을 미루면 행복이 오지 않는다

남자 뭐 당시 작가님 상황에서는 그렇게 생각할 수도 있겠다 싶어요. 이해합니다. 하지만 저는 솔직히 사람들이 너무 행복, 행복, 하는 게 마음에 안 들어요. 꼭 행복해야만 잘 사는 것 같잖아요. 힘들더라도 꾸준히 열심히 일상을 살아내는 삶도 가치 있잖습니까. 자꾸 행복이라는 단어를 떠올리면 오히려 더욱 불행해지는 듯하다 이 말이에요. 의욕도 떨어지고 나약해지고. 요즘 유행하는 말로, 무슨 가스라이팅? 그냥 열심히 살고 돈도 많이 벌면 행복해지는 거지, 뭐.

작가 일리 있는 말씀입니다. '행복해야만 한다'라는 강박이 오히려 사람을 불행하게 만들 가능성도 있겠죠. 괜스레 '나는 왜 행복하지 않지?' 하고 스스로를 다그치게 되니까요. 다만 제가 여기서 얘기하는 '행복'은 단순히 기분이 좋은 상태를 얘기하는 건 아닙니다. 저는 물론 해본 적이 없지만, 마약 경험자들의 인터뷰를 보면 그 순간에는 그렇게 기분이 좋다잖아요. 그렇다고 우리가 마약 하는 사람을 보고 행복해 보인다고 하지는 않죠. 지금 당장은 어려움이 있더라도 꿈을 갖고 열심히 살아가는 사람은 자신이 노력하는 과정 그 자체에서 뿌듯함과 보람 그리고 행복을 느낄 수 있습니다. 돈을 많이 벌어서 겉보기엔 잘나 보여도, 내가 정말 원하는 게 뭔지 모르거나 전혀 다른 길을 가고 있다면 속이 텅 빈 것 같은 허무함을 느낄 수도 있고요. 물론 사장님처럼 부를 축적하는 과정 그 자체에서 행복감을 느끼는 사람도 있지요. 사람마다 입맛이 다르듯 취향이 다른 거죠. 100명에게 묻는다면 100가지

답이 나오지 않을까 싶습니다. 행복이란 게 눈에 보이지 않고 만질 수도 없으니, 누군가 멋대로 답을 하더라도 섣불리 옳거나 그르다고 판단하기 어렵죠. 신이 보이지 않기 때문에 종교의 생명력이 유지되는 것처럼, 우리는 행복의 구체적인 형상을 모르기 때문에 더더욱 행복을 갈구하는 것일지도 모르겠습니다.

남자 아니, 구체적인 형상도 모르는데 어떻게 행복이 이렇다 저렇다 논할 수 있나요? 이렇게 살아야 행복하다, 이런 얘기조차 할 수 없을 텐데 말이에요.

작가 이렇게 살면 행복해질 수 있다고 깨달음을 주는 책이 있어요.

남자 그래요? 어떤 책인가요? 설마 작가님 책 얘기를 하려는 건 아니죠?

작가 하하. 아닙니다. 호주의 작가 브로니 웨어가 쓴 『내가 원하는 삶을 살았더라면: 죽을 때 가장 후회하는 5가지』입니다.

남자 브로니 웨어라는 사람이 무슨 염라대왕도 아니고, 사람들이 죽을 때 가장 후회하는 게 뭔지 어떻게 아나요?

작가 그분 직업이 말기 환자를 돕는 간병인이었거든요.

남자 아하!

작가 | 그는 원래 금융업계에서 10년 넘게 일했는데, 다람쥐 쳇바퀴 돌듯 출퇴근하는 일상에서 탈출하고 싶어 회사를 그만두고 열대 섬에 있는 리조트로 떠났다고 해요. 리조트에 오래 머물고 싶어서 주방 보조로 취업해 경력을 쌓았고, 드디어 칵테일 바에서 일하게 됐습니다. 섬에서 생활한 지 2년쯤 되어가던 중 리조트에 온 유럽 관광객과 인연이 닿아 영국으로 건너갔어요. 그리고 영국에 체류하던 중 사귀게 된 남자와 함께 호주로 돌아왔는데, 문화 차이로 헤어지고 한동안 방황했다고 해요. 창조적인 일을 하고 싶었던 그는 글을 쓰고 작사와 작곡을 하는 한편, 생계를 해결하기 위해 간병인 일을 시작했어요. 그가 돌본 사람들은 대부분 삶의 마지막 순간을 기다리는 환자나 노인들이었다고 해요. 생을 마감하는 사람들과 수많은 대화를 나눈 브로니 웨어는, 어느 날 문득 삶의 마지막 순간에 그들이 쏟아내는 후회가 비슷하다는 걸 깨달았다고 합니다. 이렇게나 비슷한 후회들을 하다니. 기대수명이 많이 남아있을 때 이런 사실을 미리 안다면 좀 더 나은 삶을 살 수 있지 않을까. 그래서 브로니 웨어는 가장 많이 하는 후회를 다섯 가지로 정리해서 블로그에 글

	을 올렸는데, 조회수 대박이 터져서 책까지 내게 되었어요. 그 책이 『내가 원하는 삶을 살았더라면』이에요.
남자	그래서, 죽을 때 가장 후회하는 것 다섯 가지가 뭔가요?
작가	그걸 말씀드리기 전에 일단 질문을 드릴게요. 다섯 가지 중에 이런 후회가 있을까요? 아! 내가 죽기 전에 국민은행 통장 잔액을 최소한 30퍼센트는 늘려놨어야 하는데!
남자	흠… 그건 없을 것 같네요.
작가	그러면 이건 어때요? 아! 내가 죽기 전에 성수동 갤러리아 포레에 살았어야 했는데! 한남동 나인원 한남에서 살았어야 했는데! 청담동, 압구정동에 있는 아파트에서 살았어야 했는데! 수영장 딸린 집에서 살았어야 했는데.
남자	그것도 없을 것 같은데요.
작가	그나저나 혹시 이 갤러리아 포레와 나인원 한남의 공통점을 아시나요?
남자	엄청 비싼 아파트?
작가	두 곳 모두 지드래곤이 거주한 곳이에요.
남자	하핫. 별걸 다 아시네요.
작가	그러면 마지막으로, 이런 후회는요? 아! 내가 서울대

갔어야 했는데. 하버드, 예일, 스탠포드에 갔어야 했는데….

남자 그것도 없을 것 같네요.

작가 맞습니다. 인생이란 참으로 아이러니해요. 제가 언급한 세 가지는 사람들이 어떻게든 손에 거머쥐려고 아등바등 애쓰는 것들이잖아요. 그런데 막상 삶의 마지막 순간에 후회하는 것들에는 전혀 없단 말이에요. 한번 생각해 보세요. 행복이란 게 추상적이고 뜬구름 잡는 얘기 같을지도 모르지만, 적어도 생의 마지막 순간에 후회가 많은 쪽보다는 적은 쪽이 상대적으로 행복한 삶이었다고 할 수 있지 않을까요?

남자 그건 그렇겠지요.

작가 다음은 브로니 웨어의 책에 나온, 죽을 때 가장 후회하는 다섯 가지 목록입니다.

1. 다른 사람이 아닌, 내가 원하는 삶을 살았더라면
2. 내가 그렇게 열심히 일하지 않았더라면
3. 내 감정을 표현할 용기가 있었더라면
4. 친구들과 계속 연락하고 지냈더라면
5. 나 자신에게 더 많은 행복을 허락했더라면

가장 많이 한 후회는 '다른 사람이 아닌, 내가 원하는 삶을 살았더라면'입니다. 마지막 순간, 사람들은 못 번 돈을 후회하고 있나요? 아니면 못 살아본 시간을 후회하고 있나요?

남자 …. 못 살아본 시간을 후회하고 있군요.

작가 두 번째로 많이 하는 후회는 '내가 그렇게 열심히 일하지 않았더라면'입니다. 세상에나! 열심히 일한 걸 후회하고 있네요. 첫 번째 후회와 연결해 해석하면 뜻이 명확해집니다. 자신이 원하는 삶이 아님에도 그저 관성적으로 열심히 살았던 이들이 하는 후회입니다. 막상 소중한 시간을 다 잃어버렸으니까요. 세 번째는 '내 감정을 표현할 용기가 있었더라면'. 사회생활 하다 보면 울고 싶어도, 웃고 싶어도, 화내고 싶어도, 사랑한다고 말하고 싶어도 그 감정을 마음 깊숙이 꼭꼭 감추고 살게 되잖아요. 속이 풀릴 때까지 울어보고, 마음껏 웃어도 보고, 부당한 처사에 진지하게 화도 내보고, 원 없이 사랑한다고 말해봐야 한다는 거죠. '친구들과 계속 연락하고 지냈더라면', '나 자신에게 더 많은 행복을 허락했더라면'. 제가 이 내용으로 여러 곳에서 강의했는데 유독 분위기가 심각한 곳이 있습니다.

공공도서관에서 오전 혹은 낮 강의를 할 때입니다.

죽을 때 가장 후회하는 다섯 가지

남자   왜 그런가요?

작가   그 시간대에는 주로 어르신들이 많이 오시거든요. 그 분들에게는 이 다섯 가지 후회 하나하나가 가슴에 쏙 박히는 것 같았어요. 집중도가 확연히 다르고, 스마트폰을 꺼내 후회 목록을 촬영하는 분도 많더군요. 반면 중학생을 대상으로 같은 강의를 하면 반응이 너무나 달라요. 저를 요렇게 흘겨보면서 '그래서 나보고 어! 쩌! 라! 구!' 딱 이 느낌이거든요.

남자   하하하하. 머릿속에 그림이 그려집니다. 그러고 보면 우리 애는 참 신기해요. 중학생 때도 그런 분위기가 전혀 없었거든요. 중2병이 뭔지도 모르고 지나갔어요.

작가   후후. 사장님을 보면 기승전 자식 자랑인 것 같습니다.

남자   크크. 작가님도 만만치 않아요. 기승전 자본주의 비판, 기승전 마르크스예요.

작가   그렇긴 하네요. 아무튼 제가 저 다섯 가지 후회를 처음 접하고서 무릎을 '탁' 쳤다 아닙니까.

남자 무릎에 파리가 앉았나요?

작가 하하. 그건 전혀 아니고요. 다섯 가지 후회를 질문으로 만들어서 나 자신에게 던져본 거예요. 내가 잘 살고 있는지, 아니면 마지막 순간에 후회할 삶을 살고 있는지 중간 점검을 할 수 있겠다는 생각이 들었거든요.
다른 사람이 아닌, 내가 원하는 삶을 살았더라면. 설마 우리 부모님이 '너는 커서 마르크스주의자가 되어서 관련 책을 쓰며 살아야 하느니라'라고 하셨겠습니까? 우리 부모님이 저를 얼마나 아끼고 사랑하시는데요.

남자 하핫. 맞습니다, 맞고요.

작가 마르크스주의자가 되고 관련 책을 쓰며 사는 건 순전히 제가 원하는 삶입니다.
내가 그렇게 열심히 일하지 않았더라면. 저를 딱 보세요. 제가 일을 그렇게 열심히 하게 생겼나요?

남자 하하하핫. 아닙니다. 전혀 아니고요.

작가 솔직하게 말해주세요. 저 같은 사람이 있으면 직원으로 뽑으시겠어요?

남자 아이고. 미안한 얘기지만 그러기 힘들겠습니다. 크크크. 회사 업무에 지장을 초래할 것 같습니다.

작가　물론 저도 마감이 다가오면 열심히 일합니다. 하지만 제가 직장 생활을 하던 시기보다는 시간적으로 훨씬 여유롭게 살고 있어요.

남자　대신 지갑 속도 텅 비어서 내부 공간이 여유롭지 않나요?

작가　호호. 유구무언입니다. 이번엔 내 감정을 표현할 용기가 있었더라면. 제가 예전에 〈매불쇼〉에 1년가량 고정 게스트로서 출연했는데요. 그때 코너명이 '깡와인 시사 안주'였어요. 와인을 강술로 마시면서 알코올 기운 가득하게 시사 문제를 짚어줬는데, 제법 인기가 있었어요. 가끔 육두문자도 써가면서 그야말로 리비도를 대방출하는 시간이었죠. 감정을 표현할 용기가 없다? 오히려 만용에 가까울 정도로 솔직한 시간이었습니다. 친구들과 계속 연락하고 지냈더라면. 제가 작가랍시고 맨날 집에만 있는 걸 아니까 친구 놈들이 허구한 날 연락질을…

　　그 순간 탁자 위에 있는 작가의 스마트폰에서 강의 내용을 듣고 있었다는 듯 '카톡왔숑' 소리가 울린다. 누가 볼세라 잽싸게 스마트폰을 집어 든 작가는, 렌즈를 교체해 한층 잘 보이는 다초점 안경 너머로 뭔가를 열심히 읽는다.

남자	타이밍 한번 기가 막힙니다. 친구인가 봐요?
작가	(스마트폰을 내려놓으며) 맞습니다. 나이 차이가 좀 많이 나는 젊은 친구예요.
남자	젊은 사람들이랑 놀면 재밌습니까? 말이 잘 안 통하던데요. 우리 회사 젊은 직원들을 보면 좀 답답하거든요. 말투도 아기 같고.
작가	나이답지 않게 어른스러운 친구라서, 얘기가 상당히 잘 통하더라고요.
남자	우리 회사 애들이 좀 닮았으면 좋겠네요. 쩝.

행복 함수와 변수의 가중치

작가 다시 본론으로 돌아가서, 나 자신에게 더 많은 행복을 허락했더라면. 사람들이 제 인생 이력을 접하면 반응이 대개 둘로 나뉩니다. 어떤 사람들은 경제적으로나 사회적으로나 안정된 삶을 마다하고 대의를 위해 쉽지 않은 선택을 했다며, 대단하다고 엄지손가락을 치켜듭니다. 또 다른 사람들은 저보고 비현실적인 이상론에 심취해 삶이 불안정해지는 어리석은 선택을 했다고 혀를 차기도 하고요.

남자 작가님, 서운하게 들리실지도 모르겠는데, 저는 그 후자 쪽 의견에 가깝네요. 그렇다고 작가님을 싫어하는 건 절대 아니에요. 제가 작가님 좋아하는 거 아시죠?

작가 후후. 알지요. 알다마다요. 아무튼 제 관점에서는 양쪽 의견 모두 동일한 오류를 범하고 있어요. 마치 내가 고난을 감내하면서 '대의' 혹은 '허상'을 위해 헌신한다고 여기고 있거든요. 사실과 달라요. 물론 마르크스주의를 널리 알리고 싶다는 대의도 있지만, 오히려 **저는 지금 당장 행복해지기 위해서 마르크스주의자, 사회주의자의 길을 선택했어요.** 마르크스주의를 접하고 지식에 대한 취향에 근본적인 변화가 있었고, 그로 인해 행복 함수 내 변수들의 가중치가 크게 바뀌었거든요.

남자 함수? 변수? 가중치가 어떻다고요? 갑자기 무슨 수학 용어가….

작가 예를 들어 저와 사장님의 행복 함수를 비교해 보죠.

사장의 행복 함수: $f_{사장}(x,y) = 100x + y$
작가의 행복 함수: $f_{작가}(x,y) = x + 100y$
x:돈 y:시간 f:행복도

작가	사장님 행복 함수의 변수 x, y를 보면 x에 100의 가중치가 설정되어 있지요. 제 행복 함수는 대조적이게도 y에 100의 가중치가 설정되어 있습니다.
남자	그러니까 저는 돈에서 더 많은 행복감을 느끼고, 작가님은 시간에서 더 많은 행복감을 느낀다는 얘기네요.
작가	그렇습니다. 어느 쪽이 더 바람직하다고 얘기하려는 건 아니에요. 사람마다 취향도 욕망도 철학도 세계관도 제각각이니까요. 다만 제가 경제적으로는 큰 손해를 봤음에도 불구하고 다시 태어나도 이 삶을 무를 생각이 전혀 없는 이유가 그 때문이라는 겁니다. 만약 제가 돈이라는 기준으로만 삶을 평가하고 인생 경로를 선택했다면, 꼬박꼬박 통장에 꽂히는 월급에 의미를 부여하며 적성에 안 맞는 직장 생활을 꾸역꾸역 이어가고 있었을 거예요. 하지만 그렇게 인생을 허비하기에 저는 제 시간을 너무 사랑합니다. 단 한 번뿐인 인생이잖아요. 못 번 돈이 아까운 것이 아니라, 원하는 대로 살지 못한 시간이 너무나 아까웠던 거죠. 무슨 대단한 용기를 내어 직장을 그만두고 작가의 삶을 선택한 건 아니에요. 삶을 보는 관점이 바뀌니, 물이 위에서 아래로 흐르듯 결정은 자연스러웠습니다.

답이 너무나 자명했거든요. 부모가 원하는 삶, 스승이 원하는 삶, 애인이 원하는 삶, 남들이 보기에 그럴싸해 보이는 삶. 그렇게 **타인의 욕망이 투사된 삶에는 나의 욕망이 들어설 곳이 없습니다. 타인의 욕망을 욕망하며 사는 사람을 삶의 주인이라고 부르기는 어려울 겁니다.** 설사 타인의 욕망이 바람직한 것이라 할지라도요. 착한 주인이 노예를 올바른 방향으로 인도한다고 해서 노예는 더 이상 노예가 아닌 건가요? '다른 사람이 아닌, 내가 원하는 삶을 살았더라면'이라는 후회는, 삶의 주인이 되지 못하고 소중한 시간을 잃어버린 자신에 대한 탄식입니다.

제가 원하는 삶을 선택하니 일하는 시간과 노는 시간의 구분이 없어지더군요. 깨어서 활동하는 시간 전체가 생명력으로 가득해 1분 1초가 충실하고 소중한 기억들로 채워집니다. 고기도 먹어본 사람이 그 맛을 안다고 하지 않습니까. 삶의 참된 맛 또한 시간의 주인으로 살아본 사람만이 알 수 있습니다.

남자 그래도 먹고사는 문제를 무시할 수는 없어요. 누군들 시간의 주인이 되고 싶지 않겠습니까? 적성에 맞는 직업, 좋아하는 일을 찾는 것도 쉽지 않아요. 누군들 자

|작가| 기 천직을 발견하고 싶지 않겠어요.

맞는 말씀입니다. 어쩌면 제가 운이 좋은 경우일지도 모르겠어요. 청소년이나 청년들을 대상으로 강의하다가 이런 항의성 질문을 종종 받습니다. '좋아하는 일을 직업으로 삼으면 행복할 것 같아요. 그런데 저는 제가 뭘 좋아하는지 모르겠어요.' 그럴 때마다 저는 이렇게 되묻습니다. '그러면 여러분은 가슴 뛰는 일을 발견할 만한 삶을 살아왔나요?' 강의실이 조용해집니다. 고등학교 내내 EBS 수능교재 위주로 살아왔으니까요. 물론 EBS 수능교재에서 더없는 재미와 보람을 느낀다면, 그것도 나쁘지 않겠죠. 남은 인생을 EBS 수능교재와 함께 보내면 되니까요. 심지어 매년 새로운 교재가 나오니 이 얼마나 가슴 뛰는 일입니까. 하지만 그런 사람은 없겠죠. 글이 나올 만한 삶을 살았을 때 쓸거리가 생기듯, 자기 내면에서 우러나오는 목소리에 귀를 기울이고 용기를 내어 다양한 시도를 해야 비로소 자신이 무엇을 좋아하는지 깨달을 확률이 높아진다고 힘주어 얘기해줍니다. 물론 좀 더 확신에 찬 얘기를 해주고 싶지만, 이렇게 하면 100퍼센트 성공하고 행복할 수 있다? 우리 나이쯤 되면 알지 않습

	니까. 솔직히 그런 얘기는 말이 안 된다는 거.
남자	그렇죠. 운칠기삼이죠. 다가오는 운을 잡기 위해 기를 연마할 뿐.
작가	그래도 인공지능과 로봇이라는 새로운 생산력이 충분히 발전하고 그에 걸맞게 사회주의, 나아가 공산주의적 생산관계가 정착한 사회에서는 공동체 구성원 대부분이 시간의 주인이 되어 살 수 있으리라 기대합니다. 저는 인류 사회가 그러한 방향으로 나아가야 바람직하다고 생각해요. 혼자 잘 살면 뭣 합니까. 함께 잘 살아야죠.
남자	뭐, 저도 작가님의 기대가 현실이 되기를 빌어드리겠습니다. 대신 우리 아이에게 편지만 잘 써주십쇼! 노벨상급으로 말이에요.
작가	노벨상은 상금이 13억 원이 넘던데요. 저는 프로라서 입금액에 따라 글의 질이 달라집니다. 지금 액수로 그 정도 퀄리티는 어렵….
남자	아니! 작가님은 사회주의자 아닌가요? 그렇게 얘기하시면 스스로를 부정하는 꼴 아닙니까!
작가	하핫. 농담입니다. 농담이에요.
남자	압니다, 알아요. 하하. 잘 좀 부탁드려요.

어느덧 시간이 흘러 사람들의 옷차림에서 계절이 바뀌었음을 확연하게 느낄 때쯤, 작가의 손에는 신간 『오십에 읽는 자본론』이 들려 있었다. 자전거가 쓰러지지 않으려면 끊임없이 페달을 밟아야 한다. 마찬가지로 집안 경제를 지탱하기 위해 끊임없이 책을 내 왔다. 이 정도 되면 무뎌질 만도 하건만, 설사 100번째 책이라고 한들 신간을 받아 든 작가의 마음은 갓난쟁이를 안은 부모의 마음처럼 설레고 조심스럽다. 하지만 이번에는 초조함이 더해졌다. 일주일 전 책을 대량 구매하기로 약속한 사장에게 한 권 보내놓았으나 아직 별다른 소식이 없기 때문이다. 설마 편지만 받고 입을 싹 씻는 건가? 곤란한데. 이럴 거면 계약서라도 써 둘 걸 그랬나, 하는 찰나에 스마트폰에 출판사 연락처가 뜨며 벨 소리가 요란하게 울린다.

작가 여보세요.
작가 네? 정말요? 그것 보세요. 하하하. 제가 말씀드렸잖아요. 출간 즉시 2000부 정도 대량 구매가 있을 거라고 말했잖아요. 크크크.
작가 바로 2쇄 인쇄 들어간다고요? 정말 잘됐네요.
작가 저도 소식 있으면 연락드릴게요.

전화를 끊자마자 환호작약하는 작가. 물론 남자가 이 모습을 본다면 어리석다고 혀를 찼을 테지. 손에 쥘 수 있었던 돈의 90퍼센트를 포기하고도 저렇게 좋아하니 말이다. 하지만 간과한 부분이 있다. 행복 함수 내 변수의 가중치는 사람마다 상당히 다를 수 있다는 점이다. 누가 뭐라든 당사자가 행복하다면, 그 행복을 유발한 사건이 타인에게 해를 끼치는 일이 아니라면, 누가 탓할 수 있으며 무슨 상관이겠나.

'카톡왔숑'

불끈 쥔 주먹을 슬그머니 펴더니 작가는 고개를 돌려 스마트폰을 살펴본다. 예의 나이 차 많은 '젊은 친구'로부터 온 메시지다. 고개를 끄덕거리고 묘한 미소를 지으며, 작가는 '젊은 친구'가 보낸 글을 읽어 내려간다.

작가님. 보내주신 책 잘 받았습니다. 설마 아버지 얘기를 그대로 쓰실 줄은 몰랐네요. 아버지는 아직 책은 안 읽으셨지만 바로 주문하시더라고요. 읽으면 깜짝 놀라실 듯. 저는 의대에 진학해서 공공 의료 부분을 깊게 공부해 보고 싶어요. 사회과학책을 읽는 의대생 모임도 만들어보고 싶고요. 작가님 조언 덕분에 제가 할 수 있는 일이 무엇인지 명확하게 알게 되었어요. 게다가 작가님이 제 계획에 협조해 주신 덕분에 아버지도 제가 마르크스주의나 사회주의에 관심을 가지는 걸 좀 더 열린 마음으로 수용하시는 듯해요. 게다가 대학 입시가 끝나면 간만에 가족끼리 좀 길게 여행을 다녀오자고 하시네요. 전에는 이런 얘기를 하는 아버지를 상상도 못 했거든요. 이게 다 작가님 덕분입니다.

카를 마르크스는 자신의 저작 『포이어바흐에 관한 테제』에서 다음과 같이 말했다.

인간적 본질은 어떤 개개인에 내재하는 추상이 아니다. 그것은 현실적으로 사회적 관계들의 앙상블ensemble이다.

작가는 남자와의 관계를 통해 2000권의 책을 더 팔았고 그만큼의 독자에게 하고 싶은 말을 전할 기회를 얻었다. 남자는 작가와의 관계를 통해 대학 입시를 앞둔 자식에 대한 우려와 걱정을 덜었다. 자식은 작가와의 관계를 통해 아버지에게 마르크스주의를 접하게 했고 우호적이지는 않더라도 적어도 반대하지는 않도록 만들 수 있었다. 이 얼마나 아름답고 조화로운 앙상블인가!

그래서, 어디부터 어디까지가 작가와 자식의 작전이냐고? 그것은 이 글을 쓰는 필자도 모른다. 그저 이 책을 읽는 당신의 상상력에 맡길 뿐.

오십에 읽는 자본론

초판 1쇄 인쇄 2025년 9월 16일
초판 1쇄 발행 2025년 9월 23일

지은이 임승수
펴낸이 김선식

부사장 김은영
콘텐츠사업본부장 임보윤
기획편집 김한솔 **디자인** 권예진 **책임마케터** 이고은
콘텐츠사업3팀장 이승환 **콘텐츠사업3팀** 김한솔, 권예진, 이가현, 곽세라
마케팅2팀 이고은, 지석배, 최민경, 이현주
미디어홍보본부장 정명찬 **브랜드홍보팀** 오수미, 서가을, 김은지, 이소영, 박장미, 박주현
채널홍보팀 김민정, 정세림, 고나연, 변승주, 홍수경 **영상홍보팀** 이수인, 염아라, 김혜원, 이지연
편집관리팀 조세현, 김호주, 백설희 **저작권팀** 성민경, 이슬, 윤제희
재무관리팀 하미선, 임혜정, 이슬기, 김주영, 오지수
인사총무팀 강미숙, 이정환, 김혜진, 황종원
제작관리팀 이소현, 김소영, 김진경, 이지우, 황인우
물류관리팀 김형기, 김선진, 주정훈, 양문현, 채원석, 박재연, 이준희, 이민운

펴낸곳 다산북스 **출판등록** 2005년 12월 23일 제313-2005-00277호
주소 경기도 파주시 회동길 490
전화 02-704-1724 **팩스** 02-703-2219 **이메일** dasanbooks@dasanbooks.com
홈페이지 www.dasan.group **블로그** blog.naver.com/dasan_books
종이 스마일몬스터 **인쇄** 민언프린텍 **제본** 국일문화사 **후가공** 제이오엘앤피

ISBN 979-11-306-7096-6 03130

- 책값은 뒤표지에 있습니다.
- 파본은 구입하신 서점에서 교환해드립니다.
- 이 책은 저작권법에 의하여 보호를 받는 저작물이므로 무단 전재와 복제를 금합니다.

다산북스(DASANBOOKS)는 독자 여러분의 책에 관한 아이디어와 원고 투고를 기쁜 마음으로 기다리고 있습니다. 책 출간을 원하는 아이디어가 있으신 분은 이메일 dasanbo@dasanbooks.com 또는 다산북스 홈페이지 '투고 원고'란으로 간단한 개요와 취지, 연락처 등을 보내 주세요. 머뭇거리지 말고 문을 두드리세요.